班级心育活动案例精编

杨敏毅 周嘉 张静 著

上海科学普及出版社

序

随着学校心理健康教育的普遍推进,班级心理辅导活动越来越受到学校心理教师与班主任的欢迎。在国外的相关教育文献中,大概没有班级心理辅导活动这样一个术语。在欧美国家,学校的心理辅导工作大多由专业的学校心理咨询工作者担任,其主要任务是着眼于个别学生心理问题的矫治性目标。我国中小学心理健康教育的发展,从一开始就寻求建立与学校教育目标融合的建议模式,其目标是以发展为主,矫治为辅。主要任务是提高学生的心理素质,促进他们的心理健康。班级心理辅导活动是针对全体学生健康成长的一种心理教育模式。

早在10年前,我和沈之菲等老师曾经编写过《班级心理辅导》一书,就班级心理辅导的理论、内容与形式及其实施进行了研究和探索。我们认为,所谓班级心理辅导,是指以团体心理辅导及其相关理论与技术为指导,以解决学生成长中的问题为目标,以班级为单位的集体心理辅导活动形式。

这里,需要将班级心理辅导和以下几个概念加以区别。

第一,班级心理辅导不同于一般的班级主题活动。其

一，班级心理辅导的范围比较集中，主要围绕学生的心理健康。而班级主题活动的范围比较广泛，包括德育、智育、体育和社会实践活动等。其二，班级心理辅导活动设计，需要有系统的心理辅导理论框架和专门的技术支持，而班级主题活动设计不一定要有理论结构。例如，班主任设计一次迎国庆活动，事先并不需要思考依据什么理论。其三，班级心理辅导往往是以学生的成长需求为出发点，并以此为活动主题。例如，学习困扰问题、人际交往问题、青春期问题等。而班级主题活动既可以围绕学生个人，也可以聚焦社会；作为学校德育教育的一种形式，其往往更具有社会取向。

第二，班级心理辅导不同于团体辅导。虽然班级心理辅导要以团体辅导理论为依据，但两者在形式上有很大的不同。团体辅导的规模比较小，一般为6—12人，团体成员的构成可以是同质的，也可以是异质的。班级心理辅导由于是以班级为单位，规模比较大，成员不可能是同质的。另外，从辅导目标来看，团体辅导可以是发展性的，也可以是矫治性的，通常需要专业人员来承担。而班级心理辅导主要是发展性的，可以由受过一定培训的教师来承担。

第三，从内涵上讲，班级心理辅导同心理辅导课更相近，所不同的是心理辅导课是以"课"的形式，进行全班的心理辅导活动，而班级心理辅导既可以在课堂上进行，也可以在课堂外进行，在时间上、空间上更为灵活。

本书是杨敏毅老师和两位青年心理教师周嘉、张静共同撰写的。我和杨老师相识于十几年前，当时她刚从杭州一所重点中学调至上海七宝中学任心理老师，因为她是杭州市的骨干心理老师，所以七宝中学校长是花了大力气才把她调了过来。从此，杨老师就开始了"双城记"生活。凭着对心理辅导事业的热爱，杨老师勤奋学习，精于思考，勇于实践，做了许多富有成效的工作并获得了一定的成果，成为上海为数不多的心理特级教师。班级团体心理辅导正是其勤于耕作的"园地"。

本书有如下特点，值得我们借鉴参考。

1. 活动主题密切联系学生的心理发展与成长。本书通过认识自我、融入班集体、学会合作、发挥潜能四个议题体现了心理辅导的发展性目标与内涵。我常说，发展性心理辅导就是八个字——健全人格、开发潜能。探索自我，建立积极的自我信念是人格发展的核心。"我是谁""我从哪里来？到哪里去"，青少年时期的学生常常会问这样的问题。这也是古往今来许多哲学家思考的问题，这个问题看似简单，其实非常深奥。精神分析创始人弗洛伊德曾用冰山模型表述人所认识的自我只是冰山一角，隐藏在水面之下的巨大的"我"的世界，可能需要我们毕生不断修炼，不断探究，才能达到趋向人性完美的境界。然而，青少年时期是探索自我的最重要的时期。按照埃里克森的理论，青少年时期主要的心理冲突是自我认同与角色迷离。帮助青少年建立积极的自我信念是一项十分重要的辅导任务。

融入集体，学会与人和谐相处是一种生命智慧和伦理规范，良好的人际关系是一个人的"安身立命之本"。在青少年社会化的过程中，学会与人相处是一项核心发展任务，青少年只有通过人际交往，才能体验到归属感、自尊感、自我效能感与存在感，才能学会爱、关心、宽容与理解。同样，激发潜能也是一项极具挑战性的任务。每个人都有不同的潜质，问题在于如何发现和发挥。通过活动体验让学生认识和发现自己的才能，激活想象力、创造力是心理辅导的重要任务。

2. 精心设计活动，鼓励学生积极参与、体验和感悟。心理辅导活动是以学生的成长需要为出发点，以个体的经验为载体。按照杜威的观点，儿童的成长就是个体的经验由坏变好的过程。这种经验既然是个人的，那么个人的自我体验就显得尤为重要。一般认为，对学生有意义的自我体验应该包括情感体验、价值体验和行动体验。这些自我体验可以在心理辅导活动中，创设一定的情景，营造一定的氛围来实现。学生从体验中获得最有意义的东西就是：感悟。本书在活动环节设计中，充分体现了这一点。

3. 班级心理辅导活动主要是由班主任来主持。本书从活动设计形式上看，有活动目的、活动实施、活动扫描、注意事项、学生感悟、连线班主任等环节，便于班主任实施操作和展开。例如，学生感悟的环节，一方面可以帮助班主任了解学生对活动的体会与反馈，有利于对活动方案的改进；另一方面，从中也可以收集许多生成性活动内容，进一步丰富、充实活动内容。一本好的活动指导书，不仅要让老师能够学习、掌握心理辅导活动的要点，而且还要鼓励老师根据自己班级学生的实际情况，自行设计辅导活动，也就是说要为班主任的二度创造提供空间。

简而言之，班级心理辅导作为一种自我教育活动，必须积极调动学生自身的教育资源。保守的教育观念总是把学生看成教育的对象，而心理辅导则认为学生是教育的主体。心理辅导活动是一种积极的人际互动过程，同龄伙伴有共同的爱好、共同的价值观和文化背景，彼此之间容易互相理解与沟通。他们可以不加掩饰,坦诚直言地进行交流,在心理辅导活动中既是受助者,又是助人者。这种互动可以增进学生对自信、自尊的体验,从而达到自助。教师作为辅导者,应该创设良好的集体舆论,以及和谐的人际关系、民主自由的气氛,充分开发集体的教育资源,加快这种良性机制的形成。

我相信本书的出版一定会帮助更多的班主任开展班级心理辅导活动,帮助更多的班主任成为学生心灵成长的良师益友,促进学生心智的健康成长。

吴增强
2014年11月

再版说明

近年来,本人经常受邀为全国各地学校的班主任进行心理培训。在培训中,本人开设了《团体心理游戏在班级活动中应用》课程,受到许多班主任的极大关注和青睐。其时,我有一种感觉,假如团体心理游戏能够通过班主任带领,经过班级心育活动进行展开,一定会产生不同寻常的效果。因此,在2014年我同两名具有丰富教学经验的心理高级教师周嘉和张静,共同设计了书目大纲,并分节完成活动案例的撰写。后来经过我们反复实践与潜心探索,把积累的班级团体游戏整理成册,提供给班主任们参考使用,当时书名定为《班级团体辅导活动60例》。

转眼8年过去了,我们真切地感受到随着学校心理健康教育的普及与推进,班级心理健康教育活动(简称"心育活动")越来越受到许多基层学校心理教师与班主任的欢迎。为此,我们决定在原书的基础上进行精心的修改与完善,并以《班级心育活动案例精编》为名重新出版,与《团体心理游戏案例精编》《经典亲子游戏案例新编》一起,构成了由杨敏毅等撰写的"团体心理游戏案例丛书"。

本书具有如下特点:

1. 活动主题贴近学生的心理发展与成长的需要，整体上设定"认识自我——成长天空""班级凝聚——快乐集体""竞争合作——双赢技能""潜能开发——惊奇发现"四个章节，提供60个活动案例。

2. 根据班集体建设，以及心理教育主题精心设计活动，鼓励学生积极参与体验。通过活动带领者的分析点评，让学生在活动中感悟成长。游戏活动以小见大，让学生感知"小游戏大智慧"的精彩和"教育无痕"的美妙。

3. 从班主任阅读参考的角度考虑，在每个活动案例中，除了设有活动名称、活动目的、活动准备、活动过程、带领者提示、活动回放、参与者感悟等环节外，再增加专家点评栏目。通过专家点评，挖掘活动内涵、把握操作过程等方面的指导，让班主任可以更深刻地理解活动的意义，为二度开发提供空间。

4. 富有经验的优秀作者团队。主要撰写者是杨敏毅心理特级教师、正高级教师，具有丰富的团体心理活动设计能力和带领经验。2005年至今出版了《团体心理游戏教程与案例》《心理游戏设计与案例》《中学班级团体心理辅导60例》《团体心理游戏案例精编》等心理游戏类书籍。周嘉老师是发展与教育心理学硕士，上海市李正云名师工作室首届成员，闵行区心理学科带头人，上海市第四届心理活动课（初中组）一等奖获得者。张静老师是上海市复旦大学孙时进名师工作室首届成员，闵行区心理健康教育中心组成员，闵行区心理学科带头人。

本书是优秀的一线心理教师们强强联手，汇集了他们从事心理健康教育活动之丰富的经验与翔实的案例，同时也是心理特级教师、心理学科带头人勤于思考、精于实践、勇于创新的智慧之作，值得广大读者和心育工作者学习和借鉴。

最后，作者要衷心地感谢上海科学普及出版社蒋惠雍社长的指导，责任编辑的辛勤付出，以及作者家人的理解和支持。

杨敏毅

2022年6月

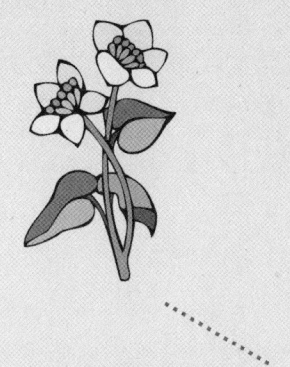

目录

第一章 认识自我——成长天空

活动1　图解自我　/3
活动2　自我缠绕　/8
活动3　超级转换　/12
活动4　分享你的梦　/18
活动5　美丽动物园　/22
活动6　美味佳肴　/26
活动7　生活色彩　/30
活动8　送出礼物　/35
活动9　镜中的我　/39
活动10　拿手好戏　/44
活动11　我的苹果树　/48
活动12　性别姜饼人　/52
活动13　我手知我心　/57
活动14　心中花园　/61
活动15　智慧眼　/65

第二章 集体凝聚——快乐集体

活动16　爱在指间　/71
活动17　包馄饨　/76

活动18　放风筝　/80
活动19　以歌会友　/84
活动20　团体拍手　/89
活动21　人体传输机　/93
活动22　硕果累累　/98
活动23　同舟共济　/102
活动24　悬钟摇摆　/106
活动25　云梯爬行　/110
活动26　寻找朋友　/114
活动27　信任的人　/118
活动28　投掷玩具　/122
活动29　走进植物园　/126
活动30　走近老师　/130

第三章　合作竞争——双赢技巧

活动31　穿越地雷阵　/137
活动32　顶球竞走　/141
活动33　合作串串果　/145
活动34　钻呼啦圈　/149
活动35　履带战车　/153
活动36　盲哑人排队　/157
活动37　南水北调　/161
活动38　升降长棍　/165
活动39　巧渡险滩　/169
活动40　轻于鸿毛　/173
活动41　挑水接力　/177
活动42　我说你画　/181
活动43　蜈蚣竞走　/185
活动44　扑克牌接龙　/189

活动45　自行车慢骑赛　/193

第四章　激发潜能——惊喜发现

活动46　穿通萝卜芯　/199
活动47　穿越A4纸　/203
活动48　神奇的平衡　/208
活动49　交通堵塞　/212
活动50　快旅慢游　/216
活动51　棉花糖挑战　/220
活动52　"苹果""西瓜"　/224
活动53　奇趣七巧板　/228
活动54　校园一景　/233
活动55　生物进化　/237
活动56　小小回形针　/241
活动57　纸的N种用途　/245
活动58　艺术沙画　/249
活动59　创意传球　/254
活动60　珠行千里　/258

第一章　认识自我
——成长天空

　　古希腊哲人曾说过:"人生最困难的事情是认识自己。"后来,人们把"认识自己"作为铭文刻在德尔斐神庙上。千百年来它一直提醒着我们,要时刻关注自己、充分了解自己、用心规划自己、努力完善自己。这些都属于自我意识的体现,那什么是自我意识呢?自我意识即正确认识自我的能力。能否正确认识自我,是心理健康的一项重要指标。通常,学生的自我意识是一个发展变化的过程,他们在认识自我的过程中充满活力,拥有强烈的好奇心,但是又会受到情绪波动的影响。

　　对学生来说,成长的经历就是一个认识自我、完善自我的过程。在完善自我的过程中有时候会通过与同伴的比较来认识自己,当然也会受到他人评价的影响。在本书的团体辅导活动中,学生通过体验、交流和感悟,能够认识现实自我和理想自我,进而更加全面认识自己。

　　本章介绍的体验活动,能让学生了解自己的个性特点、发现自己的兴趣特长,在展示自我中做到扬长避短,在学习他人时做到取长补短。不以自负傲人,不以自卑负人,而是以自信助人,以自强胜人。

活动1　图解自我

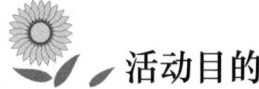

活动目的

1. 让学生感知自我的多面性,引发优化自我、整合自我的思考。
2. 让学生在游戏活动中尝试自我觉察,不断优化自我。

活动准备

1. 活动适合在室内进行,时间大约40分钟。
2. 准备6张课桌并拼在一起,便于小组成员围坐在一起。
3. 给每个学生准备一张空白的A4纸。
4. 活动适合在高中生中进行。

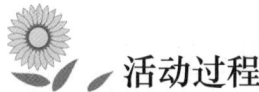

活动过程

活动概述:活动带领者组织"图解自我""词解自我"和"优化自我"三个活动。首先以图形对自我进行感知,然后用文字描述对自我的特征进行更加理性的描述,最后引发学生对如何优化自我进行思考与交流。

活动步骤：

1. 活动带领者将全班同学分成若干个5—6人组。每人发一张A4空白纸，作为研究自我的工具——"研究纸"。

2. 活动带领者要求学生用一个符号或图形来象征完整的自己，并将象征的符号或图形绘画于"研究纸"的正中心。

3. 学生分享"研究纸"上通过图符所绘的"自己"。

4. 活动带领者要求学生回忆自己的性格、习惯、兴趣、身体特征等与自己相关的各方面信息，并用词语进行提炼，写在"研究纸"中象征"自己"的图形周围。

5. 学生分享"研究纸"上用词所描述的"自己"。

6. 活动带领者要求学生对"自己"的喜爱程度进行评分，并找出提高自评分数的一个特点进行再分析，如从可控性、功能、诱发条件、替代品质等方面进行分析。

7. 活动带领者总结并点评本次活动。

❋ 问题讨论

✦ 为什么每一个"图解自我"的作品都是不同的？
✦ "图解自我"的作品分享后，你对自我"图解"做了哪些改动，为什么？
✦ 为什么有的同学描绘自己的词语很少，而有的同学则写了很多？
✦ "词解自我"分享后，你发现了哪些自我特征被遗忘了，为什么？
✦ 对提高自评分数的某一特点进行重评的感受如何？

带领者提示

1. 活动环节需要带领者举例示范，帮助学生打开思路，了解任务如何操作。

2. 活动带领者要巡视各组，了解学生的想法和进度，为不理解活动要求的同学做示范。

3. 在"图解自我"分享环节，若无学生主动分享，活动带领者可通过描述学生作品的特点,来邀请学生分享自己的想法,鼓励更多学生参与分享。

4. 在"优化自我"环节,活动带领者要强调选择"最能提高自我评价分数"的特点,这样可以引导学生判断和选择哪个特点是自己最不喜欢的、最阻碍自我发展的,从而提高学生自身改变的动力。

5. "优化自我"环节举例时注意,若是自己难以改变的特点,可引导学生悦纳,并换个角度看到此特点的优势。若是自己可以改变的特点,则调动学生的主观能动性,寻找可替代的"品质",避免说空话或大道理。

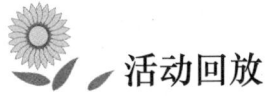

活动回放

活动带领者邀请学生做一个关于自我的研究,首先强调研究者的研究态度,其次介绍研究工具——"研究纸",并要求学生把"自己"放到"研究纸"上。学生被活动带领者营造出的科学的探究氛围所吸引,问道:"怎么把自己放到'研究纸'上?"此时活动带领者展示了三个不同的"图解自我"例子。接着学生们纷纷拿起自己的"研究纸"思索、绘画起来。

活动带领者经过观察发现:有的学生画了类似八卦的图案、有的学生画了天文望远镜、有的学生闭眼画了一团乱麻的线、有的学生画了一个圆,也有的学生沉思到最后仍留着空白……等学生们的绘画基本结束后,活动带领者鼓励学生主动分享。

画了一个圆的学生主动分享说:"因为人家觉得我的脸比较圆,所以我画了个圆,同时我是班长,这个圆代表着我希望跟身边的同学们团结起来,其乐融融,把班级凝聚起来。"

活动带领者分别又邀请了画八卦图的、画一团乱麻的、画了望远镜的学生进行分享。活动带领者给学生们留出再次改动自己"图符"的时间,开展第二次分享。

活动带领者要求学生们冥思60秒,想想自己的性格、习惯、交往方式、身体状况等与自身相关的特征,然后围绕自己的"图符",在"研究纸"上用词语进行描述,并示范了三个不同的"词解自我"作品。学生们纷纷闭眼,在冥想音乐结束后,开始在纸上写词语。有的学生十分投入,写了20个描述自己的词语;

有的学生把词语分布在几个区域,也有的学生把词语组成一条先急后缓的上升曲线。在学生完成自我描述后,再次进行分享环节。

活动带领者让学生们看着研究纸上的"自己",并用-10→+10中的一个整数表达对这个"自己"的喜爱程度,+10为太可爱了,-10为太讨厌了。活动带领者用自我的同一性解释现场现象,并要求学生找出"最能提高自我评价分数"的一个特点,从可控性、功能、诱发条件、替代品质等方面进行分析,并举例进行说明。

最后,活动带领者总结:做好真正的自己,从认识自己开始。希望这个研究自我的旅程给大家留下的是一次静心倾听自己的难忘体验,它可以作为认识自我的方法,也可以是优化自我的思路。

参与者感悟

- 我找不到一个可以表达完整自我的图形或符号,因为我的成长告诉我一切皆有可能。我是一个自由的、具备无穷可能的个体,不能被任何图形或符号束缚。听了其他同学的分享后,我更加坚定了自己的想法,大家说的这些都可以包含在无形当中。在用词语描述自己时,我按时间顺序写了不同时段我的一些突出特点,不知不觉中形成了一条先急后缓的曲线。

- 我给自己画的图形主体是一个天文望远镜,因为这是我的爱好——观察、探索,我对未来的一切充满了探索的欲望。看到这个庞大的望远镜好像没有地方支撑,我就补充了一个植物的根,有长有短,方向各异,它意味着我现有的各种能力,有些是我擅长的,有些是我缺乏的,这些都是我继续前进的基础。

专家点评

"图解自我"活动是一种集形象思维和理性思考为一体的自我探究形式,可以让学生清晰地了解自我,同时也一定是学生们所喜爱的有效活动方法。

高中生在成长过程中,一般对自己的了解还处于比较迷茫的状态,他们十分期待自己能做些什么,但又不知道如何行动。作为班主任,对学生成长的帮助,除了学业指导,还应有体格健康、心智完善、品德高尚等方面的影响,如何做好学生的成长导师？需要教师从多方面关注学生、引导学生。让学生学会探究自我，培养他们在学习、生活和活动中内省的习惯。

　　活动带领者组织此活动的时候，应该注意从象征完整自我的抽象图像或符号切入，从感性到理性的认识层层深入，既注重学生掌握内省的一种思维，同时也要培养高中生的探究精神和意识。

活动2　自我缠绕

活动目的

1. 让学生静静地走进自己的内心,聆听自己的声音。
2. 让学生在游戏活动中尝试觉察自我,认识并调节自我。

活动准备

1. 活动适合在室内进行,时间大约20分钟。
2. 给每组准备一卷卫生筒纸、一卷透明胶带和一把剪刀。
3. 准备4张课桌并拼在一起,便于小组成员围坐在一起。
4. 活动适合在高中生中进行。

活动过程

活动概述: 活动带领者要求小组成员了解"自我缠绕"活动中的角色特点,并完成相应角色的认定任务。"自我缠绕"活动中有三个角色——内心的我、身体的我、观察的我。由一名学生扮演"身体的我",一名学生扮演"内心的我",用卫生筒纸将脸缠绕起来,缠绕的层数由其自定,"观察的我"在旁边静观全过程。

游戏步骤:

1. 活动带领者将全班学生分成若干个5—6人小组。
2. 每个小组领取一卷卫生筒纸、一卷透明胶带和一把剪刀。
3. 活动带领者介绍游戏角色、角色任务及其筒纸所代表的"面具"之象征意义。
4. 各组学生根据自认的角色,进行"自我缠绕"活动。一名学生扮演"身体的我",一名学生扮演"内心的我",把卷纸缠绕到脸部和头部,缠绕的层数由其自定,"观察的我"静观全过程。
5. 各组中扮演不同角色同学分享"自我缠绕"活动中的所思和所感。
6. 活动带领者总结并点评本次活动。

❄ **问题讨论**

✦ 为何有些小组中被缠绕的人特别多,而有些小组只有一个?
✦ 为何有些被缠绕的同学很快就解掉卷纸,而有些却一直包裹至活动结束?
✦ 相似的自我缠绕游戏,为何会有多种的解读?不同的解读背后,体现了自己的哪些特质或需求?
✦ 通过游戏活动,你有怎样的感悟?

带领者提示

1. 活动带领者要提醒同学注意:(1)各组必须包含三种不同的角色,使缠绕活动得以顺利进行,且生成不同的视角;(2)卷纸代表着"你想象中,自己所拥有多少个不同面孔或不同侧面",有助于学生将缠绕体验与走进自己内心联系在一起。
2. 在活动过程中,活动带领者要巡视各组,了解学生的想法和进度,为不理解活动要求的学生做示范。观察学生选择角色的过程,倾听学生选择角色的原因,注意学生完成活动过程中的情绪、行为、语言反应等。杜绝学生的某些恶作剧行为，如强行缠绕某位同学。

3. 选择活动材料时要注意卷纸不宜太厚，使学生在逐层增加卷纸的过程中失去渐变的感受；卷纸也不宜太硬太糙，否则会使被缠绕学生有不舒适的感受。

4. 提醒学生将卷纸缠绕牢固，同时考虑被缠绕学生的感受，既不宜太松，否则中途会掉落，也不宜太紧，引起呼吸不畅、身体不适。

活动回放

学生看到桌子上摆放的卷纸时，就会产生了强烈的好奇心，纷纷议论卷纸用来做什么？于是，活动带领者向学生说明"自我缠绕"活动的要求，学生们踊跃地进行角色分工和体验活动。

活动带领者观察学生活动时发现：有的小组，学生踊跃地选择"观察的自己"，公选出一个同学做"内心的我"，被缠绕的同学苦笑着"为什么是我啊"；有的小组，每个人都安静地看着规则思考，活动带领者询问角色分工进行得如何，组内没有人主动反映小组情况，活动带领者逐一询问后，发现学生不理解活动的要求，但是示范后，6个同学中竟有5人要做"内心的我"，1人做"身体的我"。活动带领者只能向学生解释，为了保证活动顺利进行，各组需要有三种不同的角色，这时有1名学生愿意改变角色，做"观察的我"。有的小组中，学生踊跃选择自己想要做的角色，进入到体验环节，被缠绕者不时发出内心的声音，有发表感叹的、有感觉呼吸不畅要求停止的、有不断发出加纸令的，也有十分安静的，这些吸引了扮演其他角色的学生观看。

5分钟后，各组学生基本完成"缠绕"环节，活动带领者请扮演不同角色的学生，分享自己在此活动过程中的所思所感。活动带领者先邀请了组内被缠绕最少的角色扮演者，分享自己选择这个角色的原因，以及活动过程中的感受与想法。然后邀请组内被缠绕最多的角色扮演者，让他说说自己的感受。

活动带领者总结：同样的经历可以有不同的解读，这是因为我们每个人都是独特的个体，通过分享，"内心的我"也许会打开更多的自我，从彼此的差异中坚定自己；"观察的我"给予了每个人梳理自己、监督自己、调节自己的主动权，但不少学生也提到生活中的一些身不由己的事情,这时最直接的回应和改变外界的就是"身体的我",最终将我们的所思所感付诸行动。

参与者感悟

- 我是扮演"观察的我"角色的,在看到同学被一层层缠绕时,似乎让我看到了很多不同面孔在自己身上的出现。我非常想把这所谓的"面具"撕掉,但是感觉在不同场合这些面具又真实的存在。而且有时又需要它保护和掩饰自己脆弱和敏感的内心,有时自己感到挺迷茫的。不过有了这样一个机会,静下心来看看自己,听听自己的声音,也十分重要。

- 我是扮演"内心的我"角色的,我没有按要求把卷纸缠绕在自己的头上和脸部,只是缠在右手上。刚才有一名同学十分严肃地说出自己内心的感受:"头部被纸缠绕后,感觉很有安全感,不会被打扰,好像外界的一切事情都与我无关,很轻松。"我不同意他的说法。我不会让自己的双眼被蒙蔽,一旦蒙上将失去一切信息,这会让我没有安全感。我希望自己不是封闭的,而是开放的、敞亮的。

专家点评

"缠绕自我"的活动主题与高中生的经历及其兴趣点十分贴近,活动有利于学生展现各自的个性,促进同学之间在思想层面上作深入交流。活动的体验性比较强,学生能够从中有所感触,但面对百花齐放的各家观点,部分学生可能会陷入观点的沼泽中,此时活动带领者要引导学生从迷茫的误区中突围出来,这种引导不是说教,而是提供思考方向,调动学生的内在动力。假如遇到纯属搞笑的学生分享,活动带领者要及时明示学生,这是一次难得的走进自己内心的体验,敞开最真实的自己比逗乐全场要有意义,避免学生用随意的行为破坏严肃的氛围。

高中生的心中已经有了许多行为准则、价值判断,以及丰富的情感、多样的经历,通过这个活动给学生一个梳理自己的过程。活动带领者应该鼓励学生认真思考自己、说出真实感受,并通过肯定及提炼不同学生感受中的差异或矛盾,引发深入思考,辨别内心声音。

活动3　超级转换

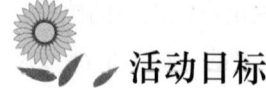

1. 通过活动,让学生认识到每个人身上都会有优势或劣势,它取决于我们看问题的角度。
2. 通过活动,体验发现他人身上的优势所带来的愉悦感,学习如何转换对他人的看法,找出对方的优势。

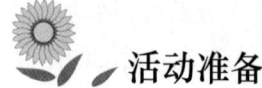

1. 活动场地以室内为宜,活动时间需要30—40分钟。
2. 准备好"游客情况表"(表1-1)和"超级转换表"(表1-2)。
3. 活动适合在初中生、高中生中进行。

表1-1　游客情况表

A女,比较自私,不肯与人分享	B男,不讲卫生,蓬头垢面
C女,打扮入时,重视物质	D男,胆小怕事,喜欢大哭
E男,过于理性,古板无聊	F男,经常打架,喜欢逞能

续 表

G女,沉默寡言,没有朋友	H女,非常依赖,希望被照顾
I男,性格软弱,没有主见	J男,个性散漫,难以配合

表1-2 延伸练习——超级转换表

找出对自己不满意的地方	用积极的眼光转换成优势
如:内向	专注,内省

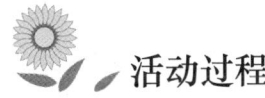

活动过程

活动概述:游船在大海中航行,遇到飓风大浪,救生船只能将10名游客中的7名安全转移。每个游客都有自己的特点和作用,如果你是救生船的船长,你会做出怎样的决定? 通过小组讨论,表明观点,强化自己的观念。

活动步骤:

1. 活动带领者介绍活动背景。想象如下场景:你与10名互不相识的游客一起坐游船出海,当游船行驶到公海时,不幸遇上了飓风大浪。游船出现了机械故障,随时都可能发生覆船的危险。此时,只能坐救生船离开,并尽快驶向最近的无人岛避难。救生船最多只能载8人,由于你有一定的驾船经验,救生船上需要你,此外,你可以选择7人与你一同上救生船。

2. 分组交流。以小组为单位,组内每个成员必须说出自己的选择,并和组员交流选择的理由,将交流的内容填入表1-3中。

表1-3 游客情况交流表

游 客 特 点	他的优点与缺点	选择留下的理由
A女,比较自私,不肯与人分享		

续 表

游客特点	他的优点与缺点	选择留下的理由
B男,不讲卫生,蓬头垢面		
C女,打扮入时,重视物质		
D男,胆小怕事,喜欢大哭		
E男,过于理性,古板无聊		
F男,经常打架,喜欢逞能		
G女,沉默寡言,没有朋友		
H女,非常依赖,希望被照顾		
I男,性格软弱,没有主见		
J男,个性散漫,难以配合		

3. 小组汇总,全班交流。每组请一名成员记录组内最为新颖和特别的选择理由3—4项,全班再进行交流。

4. 活动带领者对此次活动进行总结和点评。

5. 延伸练习,填写"超级转换表",进行超级转换。

❋ 问题讨论

✦ 你在做选择时的态度是坚决的还是犹豫的？心情是轻松的还是沉重的？
✦ 你是根据什么标准或理由做出哪些游客可以登上救生船逃生的选择？
✦ 在小组交流中,别人的选择和理由对你有怎样的影响？

带领者提示

1. 在分组时一般以4—6人为宜,建议男女生混合编组,这样可以听到更多不同的意见。

2. 在"游客情况表"中，呈现的基本上都是负面评价，活动带领者应该启发学生发现其他的特点和长处，但选择让谁留下，让谁离开，没有标准答案，体现的是学生的观念和价值观。建议活动带领者不要从正确与否上做点评，最好给予学生积极的、正向的引导。

3. 活动带领者在开展这个活动时，特别要注意某些行为，比如爱打人，虽然从思维转换来看，也有其潜在优势，但是学生的不良行为还是需要纠正的。要强调这一点，否则会误导学生。

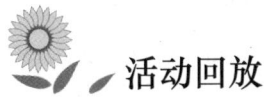

活动回放

当活动带领者介绍完活动背景及规则后，同学们纷纷议论起来："啊！这是什么情况，这些船员我怎么一个也不想选择呀。""是呀，第一眼的感觉，这10个人的身上都是缺点，没有一点优点。"可是现在必须要选择7个人与自己同行，因此要转换思路，挖掘他们每个人身上的优点。于是各个小组开始进行热烈的讨论，甚至出现了激烈的争论。

有的学生说："我认为D男喜欢大哭，这是他的优势，比如遇到危险，需要发出求救信号时，就可以发挥他哭的强项，好像有些道理的。"这个学生的说法有些无厘头，不过顺着这个思路，组内成员开始纷纷发表自己的想法。

有的学生说："我们还可以把F男放在救生艇上，他经常打架，体力一定十分充沛，如果在岛上遇到危险，他可以发挥作用。但考虑到他经常打架，比较冲动，我们再安排E男在船上就会比较好，他过于理性，古板无聊，这样两者可以起到平衡和互相制约的作用。"

慢慢的，各个小组开始拓展思维，从原先看似一无是处的10个人身上，找到了很多潜在的优势。在班级分享时，各个小组不断迸发出智慧的火花。

用积极的眼光看待他人的特点，寻找其中的优势，会让人更加理解他人，从而让人际关系变得更加融洽而温馨。在"超级转换"活动结束后，活动带领者还给学生留了一个课后任务：请大家针对自己写下一些不满意的地方，再尝试用积极的眼光来进行转换（表1-4）。这是一次巩固练习，同时也希望通过练习，让学生学会接纳自己，从而提升自信心。

表 1-4　可供参考的理由

可供选择的游客	性 格 特 征	优 势 和 特 长
A女,比较自私,不肯与人分享	在意自己的东西	保管东西
B男,不讲卫生,蓬头垢面	粗放、豪放	适应恶劣环境
C女,打扮入时,重视物质	细致、精益求精	选择物资
D男,胆小怕事,喜欢大哭	敏感	发出求救信号
E男,过于理性,古板无聊	冷静、理性	冷静处理事情
F男,经常打架,喜欢逞能	冲动	体力充沛
G女,沉默寡言,没有朋友	内向、专注	避免危险,服从性
H女,非常依赖,希望被照顾	在意别人	精细劳动
I男,性格软弱,没有主见	胆小谨慎	遵从指挥
J男,个性散漫,难以配合	想法较多	处事灵活

参与者感言

- 如果我们常常戴着一副灰色的眼镜看世界,看到的世界一定是灰蒙蒙的。如果我们换上一副魔镜,用积极的眼光看待班中的同伴和自己,我们就会看出很多闪光点。今天的活动,让我对班级中的一位小伙伴有了新的发现,原先对他的偏见和不满也烟消云散。

- 我是一个性格比较内向的人,不善于表达自己内心的想法,因此常常会感到孤单和寂寞。每当看到那些性格外向的同学身边围着那么多朋友时,我总是很羡慕。可是,今天的活动让我感到,原来内向和外向并没有好坏之分,内向的人比外向的人更容易专注,更善于深入内心去了解自己和他人,我终于找到内向者的优势。这让我很开心,原来换个角度看问题,可以发现很多意外的惊喜。

专家点评

首先,作为老师要学会用积极的眼光看待每一个学生,尤其是暂时落后的学生。其次，应该教会学生用积极的眼光看待自己，看待周边的同伴。最后，每个老师也要学会用积极的眼光看待自己。相信老师的改变一定会带来学生的改变。

除了关注学生之外，我们还可以把关注点放在家长身上，在当今"望子成龙，望女成凤"的心理期望下，家长很容易关注学生身上存在的问题，往往会对孩子产生一种负面评价，这种评价一旦形成，想要改变就很困难。所以作为老师也有责任通过该活动背后所蕴含的积极心理学理念去影响家长，让他们能够更多关注自己孩子身上存在的优势、潜能，在陪伴孩子成长的过程中为他们加入正能量。

活动4　分享你的梦

活动目的

1. 让学生进行梦境般的趣味分享，并了解梦背后的寓意。
2. 让学生思考现实中拥有的梦想，更好地规划自己当下的生活。

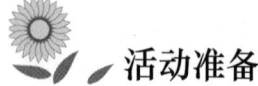

活动准备

1. 活动适合在室内进行，时间大约30分钟。
2. 根据学生人数，为每个学生准备一张A4白纸和一支笔。
3. 准备舒缓的背景音乐。
4. 提前通知学生回忆或留意自己最近做过的梦，并记录下来。
5. 活动适合在初中生、高中生中进行。

活动过程

活动概述：活动带领者带领学生趣谈自己梦中的故事或经历，并由梦境迁移到现实中的梦想，让学生对现实生活更加有规划。

游戏步骤：

1. 与学生分享庄周梦蝶、黄粱美梦、南柯一梦的故事。

2. 学生5—6人为一组，小组讨论：自己最近做过的或记忆深刻的一次梦中的故事。

3. 请同学分享自己的梦境故事。

4. 活动带领者点评，对个别学生所述梦境予以相对科学的解释。

5. 让学生在舒缓的背景音乐下，闭眼思考"我的未来之梦"是什么样的？它有着怎样的故事？为实现这一梦想，自己现在可以做些什么？并列出自己的"梦想清单"，进行梦想的分享。

6. 活动带领者总结本次活动。

❈ **问题讨论**

✦ 你经常做梦吗？你印象深刻的一个梦里发生了什么？

✦ 你觉得梦里的事物有特殊的含义吗？它们是否预示着什么？

✦ 你未来的梦想是什么？里面有着怎样的故事？

✦ 在当下你可以为自己的"未来梦想"做些什么？

带领者提示

1. 本活动主要为开放性的分享讨论，活动带领者在学生讨论的过程中要注意现场纪律，把控节奏，并在巡视时留意在讨论中表现活跃的学生，以选出乐于分享的学生。

2. 为避免在梦境讨论活动中，学生对梦的记忆不清晰，可提前让学生留意最近做过的梦，并记录下来。

3. 活动带领者要提前做好关于梦的理论储备，因为关于梦的研究还没有完全科学的定论。所以对于梦的解释不必太过具体，能够让学生理性看待即可。

4. 在分享梦想的环节，建议先注意选取思考比较认真的学生，讲述自己的梦想，这样可以奠定积极向上的基调。

 **活动回放**

梦对于大家来说常常是一个富有神秘色彩的话题,所以当讲完庄周梦蝶等三个成语故事后,同学们已经对今天的内容产生了好奇。开始组织学生进行梦境的讨论时,大家纷纷投入到这个特别的话题中,回忆起自己曾经做过的梦。

A同学分享说:最近经常梦到被人追赶,自己不停地奔跑,惊醒后满身是汗。有不少同学都对这一梦境深有同感,并称自己也做过类似的梦。

B同学讲到自己在梦中遇到了不同阶段认识的人,大家都在一起玩耍,梦境十分荒诞。

C同学激动地讲述了自己梦中在山谷里奔跑,跑到悬崖边上时竟然一下子飞了起来。

各种稀奇古怪的梦境让大家觉得新奇又好笑。当问到是否觉得梦预示着什么时,有的学生点头,也有学生半信半疑。在活动带领者解释说明做梦与潜意识的关系,以及自己的心理、生理状态等对梦境的影响时,学生们听得很认真,似乎对梦有了新的认识。

接下来话题一转,由虚幻的梦境谈到现实的梦想问题,气氛显得不那么轻松了。学生在音乐声中静静地思考着自己的梦想。活动带领者看到有一位同学在自己的"梦想清单"上写得很认真,便让这位学生进行分享。

该学生分享说:"我小学时有一段时间数学成绩跟不上,常常在班里"垫底",但数学老师并没有拿我当差生对待,而是利用课余时间为我补习,后来自己的数学成绩终于慢慢提高了。在以后的学习中,自己也不会轻言放弃。数学老师让我感觉到一位好老师是可以影响到学生的一生,所以我今后也想当一位这样的好老师,将这种积极的影响传递给更多的学生。"该学生发自内心的发言赢得了同学们的掌声,后面的同学也更加认真地审视起自己的梦想,并进行了真诚的分享。而最初没有想法的同学在这些同学的带动下,对于梦想的问题似乎也有了新的思考。

最后,活动带领者总结本活动内容,强调梦境不能把握,但主观的梦——梦想,是我们可以掌控的。我们应该基于自己的梦想去规划当下的生活,让自己的努力更有方向。

参与者感悟

- 我印象比较深刻的梦是有一次自己变成了一个飞天神偷,在一个黑漆漆的晚上去贫民窟里偷什么东西,后来一不小心塑料棚裂开,我掉了下去,看到身边有一个皮肤溃烂的妇女,我居然把她背了起来,一直飞奔着去找医生,心里非常着急,后来就被妈妈叫醒了。醒来后,我觉得这个梦很奇怪,自己为什么去做小偷?看见皮肤溃烂的人我怎么没有觉得恶心?小偷怎么变得这么正义?后来听了活动带领者对梦的解释,我发现自己的梦确实和近期被人欺负、积压很多委屈有关,白天的委屈、伤痛转化为梦中的皮肤溃烂的妇人。以后我要多从自己的梦中去了解自己。

- 听完活动带领者分析的那些离奇的梦境后,我深刻地了解了什么叫"日有所思,夜有所梦"。我们生活中的一切,都可能有自己所掌控或无法掌控的地方。我希望自己以后也能成为一名心理教师,帮助更多像我这样的人,更好地了解自己,把握自己。

专家点评

关于梦想的主题班会,在学校的开设可以说是比较普遍,但学生的参与度不高。在本活动设计中,增加了梦境的解析部分,学生很感兴趣,参与的积极性也非常高,愿意参与思考并积极表达。通过从难以把控的梦境过渡到可以把握的梦想,学生们有了真正把握自己梦想的主动权,思考自己的梦想时更加用心、投入。

在整个活动的过程中,活动带领者从学生日常发生的梦境分析入手,引导学生设计自己的未来之梦。鼓励学生了解自己、规划自我、塑造自我。因此,这是一个贴切学生需求,符合学生意愿,具有兴趣引入,自然深入,有良好效果的活动。

活动5　美丽动物园

活动目标

1. 让学生学习用一些有趣的方式,向别人介绍自己。
2. 让学生更好地了解自己。
3. 让学生之间能够有更深刻的了解。

活动准备

1. 活动场地以室内为宜,活动时间需要20—30分钟。
2. 将4张桌子拼成一组,教室布置成U字型。
3. 根据学生人数准备若干张A4纸。
4. 活动适合在初中生中进行。

活动过程

活动概述：请学生画一种动物来代表自己,并思考这个动物的特点,以及自己选择这种动物的原因,然后在小组和全班分享。

活动步骤：

1. 活动带领者随机将全班学生分成若干小组，每组4—5人。发给每个学生一张A4纸，把纸对折，在纸的上方，请大家画一种最能代表自己特点的动物，如果不会画，就把动物名称写出来，并思想自己为什么会选择这种动物。

2. 请学生在小组内分享自己的作品。可从以下三个方面进行介绍：（1）自己画的是什么动物？（2）这个动物的特点是什么？（3）为什么要画这个动物？同组的学生之间可以就交流的内容进行提问。

3. 活动带领者请每组派一名代表到全班进行分享。

4. 活动带领者总结并点评本次活动。

❄ **问题讨论**

✦ 班上是否有画相同动物的同学，谈谈选择相同动物的不同理由。

✦ 通过"美丽动物园"这个活动，你对自己有了什么新的认识？

带领者提示

1. 为了保证活动有序、有效地进行，随机分好小组后，请每组推选出一名组长来组织组内活动。

2. 活动带领者要有意识的关注各小组中比较内向，以及不太容易引起他人关注的学生，为他们创造更多发言的机会。

3. 活动带领者要用心听取各组学生的分享，及时介入处理一些突发状况，如因为某些学生描述的动物遭到其他同学的取笑等。

随机分组结束后，按照要求各个小组必须首先推选出一名组长，接着再开始进行小组分享。其他各个小组都进行得很顺利，可是第五组却遇到了难题，

机缘巧合,第五组的组员竟然是由班级中相对比较文静的丰开、韩静、娜娜、钦宇和倩倩5人组成。这5个人谁都没有主动提出要做组长,也都没有提出组长的推荐人选。其他组都已经选好组长,开始分发A4纸,唯独他们这组无动于衷。于是,活动带领者便及时介入其中,做起了思想工作,在活动带领者的鼓励下,男生丰开勇挑重担,担任了组长一职,顿时全组响起热烈的掌声。

画完最能代表自己的动物后,在组长的组织下,各个小组开始组内分享。活动带领者来到第三组,倾听他们的分享。第三组的宇航首先分享自己的作品:"我认为最能代表自己的是狮子。狮子的特点是威武、霸气。"听到宇航的分享,同组调皮的小杰就笑着插嘴说:"啊!就你还用狮子来代表自己,你胆子那么小,我看用兔子还差不多。"小杰这么一说,宇航有些尴尬,组长也不知该怎么办。小组分享顿时陷入了僵局。于是活动带领者及时介入,为宇航解围,说道:"宇航,老师猜测,你内心希望自己能够像狮子一样勇猛,所以,你画了一头威风凛凛的狮子。"宇航像是遇到了知心人一般拼命点头,此时小杰似乎也读懂了宇航,悄悄和宇航说了声"对不起",一场风波被巧妙地化解了。

在活动中,学生丰开选择用牛代表自己,在全班分享环节中,丰开告诉大家:因为牛老实、勤恳、任劳任怨,俗称"老黄牛"。与自己比较相似,话虽然不多,但是做事很认真,也特别肯干。活动带领者继续问道:"你画的牛,是否也有可能代表西班牙的斗牛,即那些看到红布就异常勇猛、横冲直撞的牛?就像这次选举第五组的小组长,在老师的鼓励下,你最后接下了第五组组长的任务,并且完成得很不错。这说明你还是有一种一旦有机会,就愿意去表现自己的冲劲。"在那个当下,丰开没能直接回应,但相信这段话语一定能够引发他对自我的觉察。也许,活动带领者适时的点播能够帮助丰开看到自己潜在的特质,帮助他在学习上更加主动一些,不要等机会,而是要主动地去创造机会。

参与者感悟

- 在活动中,我用老虎来代表自己,活动结束后,带领老师和我做了个别沟通。老师问我:按照常理,女生会回避老虎,因为同学会开玩笑的称呼"母老虎",但是我却大胆表达了自己的想法。在和老师的深入沟通中,我意识到作为家里的二女儿,上有姐姐下有弟弟,父母工作比较忙,所以自己就成为容易被忽视的那种孩子,因此,从内心来说特别想引起同学、老师对自己的关注。

- 用画动物来介绍自己,让我觉得特别好玩。我比较内向,不太善于表达自己,但是我特别擅长画画,从我栩栩如生的画中,同伴和老师都读懂了我。因为大家读懂了我的内心世界,所以,我开始尝试表达自己。第一次在全班同学的面前袒露自己的心声,并且得到同伴的赞赏,我感到特别开心。

专家点评

该活动让学生在一种比较安全、没有过多防范的氛围下,表达自己内在真实的想法和需求。学生所选择的动物往往能反映出他们自身的一些特点,尤其是男生、女生在选择动物时,会分别表现出他们本身的性别特点。比如,许多女生选择用兔子、猫咪代表自己,这些动物给人的感觉是比较温顺、可爱,比较符合女性的特点。大多数男生会选择用猴子、老鹰、狮子来代表自己,因为这些动物代表着力量,有冲劲和比较机灵。在活动过程中,需要活动带领者通过耐心捕捉学生发出的信息,用心解读,帮助他们更好地认识自己,完善自己,从而获得成长的力量。

 活动6 美味佳肴

 **活动目的**

1. 在活动中考察学生的生活常识、合作态度和表演技能。
2. 让学生在小组中学习合理进行自我定位。

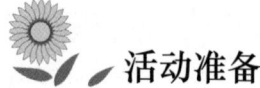 **活动准备**

1. 活动合适在室内进行,时间大约25分钟。
2. 活动适合在初中生、高中生中进行。

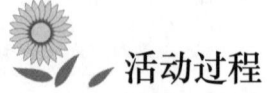 **活动过程**

活动概述:将学生分成若干个6人小组,小组合作创意制作一盘"好菜",学生自己决定担当美味佳肴中的角色,要求命名有新意。每个小组成员选择扮演其中的一种食材,可以用真人表演的方式来呈现,也可以用其他方式表现。

游戏步骤:

1. 活动带领者将全班学生分成若干个6人组。

2.小组成员共同参与，创意做出一盘"好菜"，小组中有人选择做主料，有人选择做辅料，还有人选择做油盐酱醋等。

3. 各组制作好一道菜后，在全班做展示。要求每位成员介绍自己充当的是何种食材，说出菜名和制作过程，并且说说这盘创意"好菜"的风格与特色。

4. 可以通过肢体语言表达，或其他方式呈现。

5. 活动结束后分享感悟。

❄ **问题讨论**

✦ 你选择担任了一盘"好菜"中的哪种食材？

✦ 小组中每个人在一盘"好菜"中的地位与作用是什么呢？

✦ 这个游戏给你带来的最大收获是什么？

带领者提示

1. 由学生自己选择在一盘"好菜"中担任何种食材。

2. 活动带领者要观察小组成员如何协调完成一盘"好菜"中角色的定位，对发生角色冲突的学生进行指导和协调。

3. 活动带领者从一盘"好菜"需要具备的色、香、味、形等和小组成员合作的默契程度两方面进行点评。

学生听说要由自己来扮演角色，制作一道美味佳肴，做出一盘有创意的"好菜"，都感到特别有趣。分组以后就展开了热烈的讨论，不一会就纷纷报出菜名：番茄炒蛋、片皮挂炉鸭、西芹百合、蒜苗炒腊肉、豉香干锅什锦菜、红烧茄子煲等，每个小组出来分享时都感觉美味十足。在这些美味佳肴中，有一个组的创意好菜引起大家的关注，那就是"东北乱炖"。

陶嘉、顾铭、李凯、戴林、冯涛和叶磊分别认领如下角色：豆角、土豆、番茄、木耳、排骨、葱姜蒜等。在介绍中，担任排骨角色的冯涛分享说："我是乱炖中最重要的角色，没有我，乱炖就没有诱人的肉香了。"陶嘉、顾铭、李凯、戴林他们也分享说，虽然我们只是普普通通的食材，但是因为我们的存在才构成了乱炖这个菜，就像我们在班级里一样，虽然我们只是普通的一员，不是"学霸"，但是有了我们，班级才像一个班级，我们愿意做普通的一员。总之，我们小组的"好菜"就是简单易煮，有荤有素，营养丰富，味道鲜美的"东北乱炖"。

在同学们报出的菜名中，吸引大家的还有一道菜——可乐鸡翅。小组成员分别担任的角色是：张林——鸡翅、杨明——大葱、李坤——老抽、刘强——姜、王军——可乐、石头——丁香、八角桂皮。"鸡翅"是这道菜的主料，张林表示平时对自己要求比较严格，他希望能成为本组的主心骨，看得出他具有一定的领导能力。杨明担任"大葱"。大葱是必不可少的配料，意在点缀色彩、提升香味。以大葱当作料，能够去除腥味。杨明有点完美主义，希望自己能有所成就。王军担任"可乐"。其是可乐鸡翅必不可少的作料，鸡翅因为有了可乐才能称之为"可乐鸡翅"，有了可乐的甜味才使得鸡翅更加入味。李坤担任"老抽"。作为必要作料，有了它能使鸡翅更加鲜嫩可口，可乐与老抽结合是美味的调味。石平担任"丁香、八角、桂皮"。他说看似普通，但是没有这些调料，什么菜的美味都会打折扣。他说他最喜欢在群体中成为普通的一员，能够在团队中一起参与活动就是很快乐的事，重在参与。

"豉香干锅什锦菜"也是很有特色的一道菜，什锦是指菜的种类多、味道全，更寓意生活的五彩缤纷、十全十美，讨了一个好口彩。这一组的同学分享说："就像我们小组是由性格各异，生活丰富多彩的一些同学所组成的，这道菜与我们小组成员非常像。"这是王娟小组分享的美味佳肴，很有创意。

参与者感悟

- 真是很有创意的活动，我们可以自己来选择角色，具有创意的做出一盘"好菜"。在做的过程中，小组成员各自找到自己的位置，给我的启发是，这个活动就像我们的生活一样，在一个班级中，每个人都有自己的角色定位。我一直都是很要强的，从来不甘落后，学习积极，班级的活动我也十分喜欢策划。作为班干部，我选择做可乐鸡翅中的鸡翅，这非常符合我的个性。虽然做主角很辛苦，但我愿意承担这份责任，付出后感到自己既有成长又有收获。我要感谢组员对我的支持，有了大家的团结协作，才让我们的美味佳肴创意成功。

- 我在活动中担任"葱姜蒜"的角色，我很喜欢这个角色，一道菜如果少了"葱姜蒜"那一定会逊色很多。我们这道菜就是北方人喜欢的家常菜，非常普通。我这个人平时最大的问题就是缺乏冲劲，总觉得做事情差不多就可以了，父母也经常批评我缺乏竞争意识，缺乏一种担当的勇气。在听了我们小组担任主料同学的分享，对我触动很大，我以后要尝试着改变自己。今天就再当一次配角吧，下次一定要勇敢地去担当主要角色，提高自己的竞争力。

专家点评

"美味佳肴"这个活动，看似简单却蕴含了很多深刻的心理学知识。学生们在活动中，凭着自己的性格特点和角色定位，自然地选择符合自己特点的有趣的食材。在分享环节中，说明了自己愿意选择这个角色的原因。从"美味佳肴"到班级团队，学生们也渐渐地明白自我定位，自己想当什么角色？自己擅长什么角色？是做一个勇于担当的班干部，还是做一个配合他人工作的普通人？希望学生们能将活动中的感悟用于实际生活中，生活的过程就像一道道美味佳肴，要学会如何去制作、品尝和展示。让学生们在今后的成长过程中，多一点信心和勇气，创造属于自己的美味佳肴，创造一个美好的人生。

活动7　生活色彩

 **活动目标**

1. 让学生关注自己的生活,促使他们能够感受生活,改变心情。
2. 培养学生积极向上的生活态度。

  活动准备

1. 活动场地以室内为宜,活动时间需要30—40分钟。
2. 搜集准备各种颜色的风景照,比如:竹林(绿色)、夕阳西下(橙色)、枫树林(红色)、黑土地(黑色+褐色)、大海(蓝色)、白雪皑皑的山峰(白色)等。
3. 准备漫画"我的一天"(根据朱德庸漫画中的人物改编而来,见图1-1)。
4. 准备背景音乐、每个小组一套彩笔。
5. 活动适合在初中生中进行。

  活动过程

活动概述:通过改写漫画"我的一天",让学生体会在平凡的生活中也有许

图1-1 漫画"我的一天"

多乐趣。

活动步骤：

1. 将全班学生分为若干个6人小组，每组成员围坐在一张桌子旁。

2. 活动带领者出示一组风景照，观赏照片中出现的不同色彩。请学生欣赏并讨论：我最喜欢其中的哪一张，为什么？

3. 活动带领者出示一组漫画——"我的一天"。内容是：有一名同学，这样描述自己的生活。每天早晨按时起床，然后在车站等车上学，来到学校上课，傍晚又放学回家，晚饭后继续作业，然后上床睡觉。生活日复一日地进行着，没有一点惊喜……一片灰暗。

4. "生活有魔力"环节：（1）你会用什么颜色来描述漫画中主人公的生活？（2）如果请你来帮助他，你会为他的生活增添哪些颜色？（3）小组合作，将生活中的一些体验，以文字、图画等形式展现在漫画上。

5. 全班交流分享。借助漫画中的主人公，让学生感受并发现自己生活中的快乐与精彩。

❄ **问题讨论**

✦ 你能说一下自己的学习、生活状况和心情吗？
✦ 你觉得用色彩来描述自己的心情会是怎样的？
✦ 如何让我们的生活充满美丽的色彩？

带领者提示

1. 漫画"我的一天"是由6个从早到晚不同场景组成的，为了节约时间，小组合作时，可以让每个组员完成其中的一个场景。

2. 活动带领者要向学生强调，我们不仅仅是帮助漫画主人公丰富生活的色彩，同时最关键的是要了解颜色背后所表达的积极含义。

3. 在最后的引导提升中，要让学生明白生活不可能永远都是艳阳天，遇到乌云密布时，我们仍然要有信心，相信一定会雨过天晴。

活动中,每个小组都有自己的创意,同学们将自己对生活的感悟和不同的发现融入漫画之中,互相感染,启发彼此。在整个分享的过程中,有一个同学的作品引起了活动带领者的关注,他把漫画主人公回家时的一扇门全部涂成了黑色,他说自己感到每天的作业都很多,回家就好像暂时逃离了一个繁重的任务。活动带领者给予分享者以理解和支持,也许说出来本身也是一种释放。

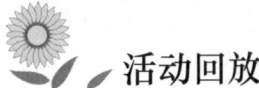
活动回放

当活动带领者开始播放由各种风景照剪辑成的一个短片时,教室内顿时变得很安静,同学们目不转睛地注视着大屏幕,被绚丽多彩的风景照吸引。欣赏过后,大家开始分享最喜欢的那一张风景照,并讲述其中的理由。同学们的分享令活动带领者感到非常欣喜,没想到学生的感悟竟然是这样细腻而感性,没想到色彩竟然会如此打动人心。

A同学选择了夕阳西下的那张照片,他说:"黄昏时的夕阳看上去是那样的温暖,让人联想到家的感觉。"B同学选择了绿色竹林的那张照片,他说:"绿色的竹林让人觉得宁静而舒适,徜徉其中,会让人忘却烦恼。"C同学选择了火红枫树林的那张照片,她说:"红色枫林给人一种热情似火的感觉,让人感受到无限希望,找到前进的动力。"同学们纷纷表达着自己内心的感受,现场的分享热烈而又温馨,愉快而又令人惊喜。

漫画"我的一天"讲述了日复一日的学校—家庭两点一线的生活,这让一个初一的男生感到枯燥乏味,因此我们需要去帮助他重新找回色彩斑斓的生活。当请同学们用表示颜色的词来形容漫画主人公的生活时,大家马上想到了"灰色"和"白色"这样一些单一令人感到压抑的色彩。

随后,在"生活有魔力"这一环节中,同学们分小组行动起来。有的小组将早晨呼叫的闹钟调换为彩铃手机,每天播放不同的歌曲,给人带来不一样的体验。有的小组用自己的慧眼,在上学路上增添了唱歌的小鸟、美丽的彩虹,以及家人的温馨陪伴。另外,还有的小组将上课的教室和回家作业变成了绚丽多姿的知识海洋,让人徜徉其中,流连忘返。

生活中的美好需要我们带着一双发现美的眼睛,一颗感悟美的心去积极发掘,要在困境中看到希望。因此,在活动的最后,带领者向同学们介绍了台湾地区著名的绘本作家几米。他的人生十分坎坷,但他仍创作了《我的心中每天开出一朵花》这么温馨而有力量的绘本。其中的几篇——"希望井""回家"等令人感动。在分享交流中,学生被深深地打动,多了一些没有过的体验。

参与者感悟

- 虽然刚开始我认为漫画中主人公的生活和我现在的生活非常相似,但是在小组共同开展"生活有魔力"这一环节时,我的感受慢慢发生了变化,我发现其实生活中还有很多精彩的瞬间被我忽视,为什么其他同学能看到,我却没能感悟到。我决定重新认识自己之后,再反观自己现在的生活。我相信我的生活一定会不一样,成长的天空一定会更加多姿多彩。

- 这是一个很有意思的活动,这次活动让我对色彩心理学多了几分兴趣和想要了解的冲动。颜色会改变人的心情,而其中的真谛是,我们赋予了颜色不同的意义。我想积极的心态总能给人生带来不一样的精彩,借用"希望井"中的一段话,再次表达我此刻的心情:"掉落深井,我大声呼喊,等待救援……天黑了,黯然低头,才发现水面满是闪烁的星光。我在最深的绝望里,遇见了最美丽的惊喜。"

专家点评

针对学生平时的低落情绪,巧妙的用"生活的色彩"这一活动进行引导很有新意。其实学生是被繁忙的学习任务弄得心情不佳,一味地要求学生快乐起来很难做到。现在让学生画出心情的色彩,他们非常投入,在感知色彩的过程中收获了愉悦。另外,在交流色彩的过程中,向学生传授了艺术的元素,这是一个艺术与心理相结合的活动,非常有意义。

当我们将艺术与心理整合运用到活动中时,需要注意几方面的问题:(1)活动带领者自身对艺术要有一定的感悟性,活动过程的设计可以简单一些,主要聚焦活动的目的;(2)在活动设计中,活动带领者适度的自我暴露能引起学生的认同;(3)活动带领者要有对活动生成资源的预见性和把握能力,能对学生在活动中的表现进行及时点拨与引导。

 活动8 送出礼物

 活动目的

1. 体会自身的需求,从而对自己内心的想法有更加明确的认识。
2. 理解尊重他人的需求与满足自我需求的关系,体会爱的真谛。

 活动准备

1. 活动适合在室内或室外进行,活动时间大约30分钟。
2. 每个人准备一块圆板、一支彩笔和两张彩色A4纸。
3. 活动适合在初中生、高中生中进行。

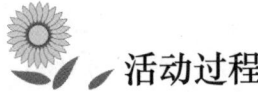 活动过程

活动概述：本活动是让学生为身边的学生进行模拟送礼。想一想,送给谁？送什么？把想送的礼物名称写在纸条上,并留下送礼人的名字。每位学生可以为不同的学生送出多份礼物。礼物可以是有形的(物质的),也可以是无形的(精神的)。送礼环节结束后,请学生们整理礼物清单,并分享送出礼物和收

到礼物的心情。

活动步骤：

1. 请每个学生给其他成员送礼物（虽然是虚拟礼物，但一定是真实可操作的）。

2. 每个人想好送人的礼物，可以是物质的，也可以是精神的；可以是有形的，也可以是无形的。将名称写在圆板上，写多少都可以，要求签好名字。

3. 每个人带着自己的礼物单，开始在团体内赠送，收到他人礼物的可以回礼，也可以不回，用时5分钟。

4. 送礼时间到，每个学生开始整理自己收到的礼物。

5. 统计学生们交换的礼物名称，根据品种进行分类，并有选择的陈列于黑板上。

6. 学生们交流收到礼物的心情和感想，活动带领者总结并点评本次活动。

❋ **问题讨论**

✦ 你认为对方送你这个礼物的想法是什么？
✦ 你对礼物的理解是什么？
✦ 你送出那些礼物的真实想法是什么？
✦ 在活动中，你收到了哪些礼物？你最喜欢的礼物是什么？
✦ 在送礼的过程中，你对自己或别人有什么发现？
✦ 通过活动，你有怎样的感悟？

带领者提示

1. 可以限制活动中送出礼物的数量，也可以只送礼不还礼。另外，还可以采取不计名的方式，或者将礼物放在一起摸彩。

2. 这个活动可用于交流价值取向，增进彼此的关系，探讨人际交往的方法。活动带领者要做好引导工作，通过提问和总结来加以指导，以达到活动的目的。

3. 对学生送出的礼物要关注，防止庸俗性和恶作剧式的行为发生。

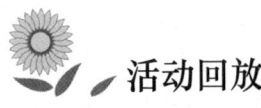

活动回放

活动带领者将彩色A4纸发给大家,指导大家将纸张根据自己的需要进行裁剪,裁成纸条状,便于书写礼物单。

学生把纸张裁剪后,开始书写礼物单。他们写得很认真,还不时地抬头看看,看看要送给哪位学生。每个学生的手中都有10多张纸条,写好之后学生们离开位置,将自己的礼物单送给自己想送的学生。带领者发现在送的过程中有两种情况,一种是送给自己比较熟悉的学生,还有一种就是随机送,因为一个班的学生,相对还是比较熟悉的。

拿到纸条的学生都很开心,非常认真专注的看着自己收到的礼物单,能够感觉到大家都比较开心。但也有部分学生脸上带有失望的表情,也许是收到了自己并不中意的礼物。

活动带领者要求参与活动的所有学生都要进行分享,按顺时针进行。第一个女学生分享收到的礼物是:开心和快乐、执着和坚持、一筐葡萄、一颗感恩的心、友好、取得好成绩、一个快乐的假期等。当她分享完礼物单后,活动带领者请她分享收到礼物后的感受,她说能收到这么多礼物,觉得非常快乐,还有就是有些礼物是自己十分想要的,同学关注到了很开心。接着,活动带领者请送她礼物的学生进行分享,学生们有的说送的礼物是她需要的,因为她们是好朋友,比较了解她。另外,有学生说送出的礼物是因为觉得这些礼物很重要,所以就送给她了。

学生们完成了活动体验与感悟分享后,活动带领者意外地提出一个要求,请因为迟到,而刚刚进入教室的学生站起来,这时大家以为老师要批评,该学生也很想解释自己迟到的原因,场上的气氛有一点紧张,但活动带领者说:这位学生因为某一原因,错过了刚才送礼物的活动,现在全体学生每人为她送上一份真诚的礼物。很快她就收到了同学们送去的礼物。迟到的学生很意外,也很感动,真没想到活动带领者不但没有批评,而是给以温暖的关心。她在感动之余,对同学们由衷地说出:"谢谢大家,我永远会记住同学们送给我的礼物。"

参与者感悟

- 我今天接到的礼物中有一个是"交到真正的朋友",我非常喜欢,因为最近我和好朋友发生了一些矛盾,我们两个人都想和好,但是我们都有点拉不下自己的面子,所以就搁置着矛盾。在今天的活动中,收到这份礼物,我觉得我应该先向好朋友道歉,因为我的错更大一些,我应该主动认错,毕竟我和好朋友有几年的友谊了。

- 参加这个心理活动,我最大的感悟是:我发现自己送出的礼物,很多都是自己所需要的,比如:我自己被学习困扰,虽然很努力,但成绩就是上不去,真是苦恼,我送同学的礼物是"祝你成绩优异"。其实这也是送给自己的礼物。我送同学"天天快乐",其实,我也希望自己天天快乐。但是父母对我的要求很高,学习压力很大,我发现自己真的不快乐。这个活动让我看到了自己的心理需求,收获很大。

专家点评

礼物对学生来说并不陌生,从小到大每个人或多或少都收到过。但本活动以虚拟的方式为学生们送礼物,让学生思考,怎样的礼物才是自己需要的?怎样的礼物是学生最渴望得到的?礼物可能是有形的、有价的、物质的,也可能是无形的、无价的、精神的。在统计礼物名称时,可以看到学生们心中对礼物的理解和追求,也能够反映学生价值观的特点。

到了中学,学生们慢慢长大,已经有了很多自己的想法和需求,当需求得不到满足时,就会产生很多想法。在这个活动中,学生送出礼物时是很认真的,不是随意的。学生送出的礼物会是自身欲望的投射,每个人有着各种不同的需求,各种需求之间是有内在联系的。通过这个活动,学生可以真切地感受到自身欲望列车装载了一些什么样的需求,以及如何去面对。

在活动分享中,活动带领者可以给学生讲解关于马斯洛的需求层次理论,希望能给学生一些指导。马斯洛需求层次理论把需求分为生理需求、安全需求、爱和归属感(亦称为社交需求)、尊重需求和自我实现需求五类,依次由较低层次到较高层次排列。同一时期,一个人可能有几种需要,但每一个时期总有一种需要占支配地位,对行为起着决定作用。学生们在对礼物的向往和理解中,反映出他们的需求。适度满足学生的心理需求,可以让他们逐步从物质需求过渡到精神需求。

活动9　镜中的我

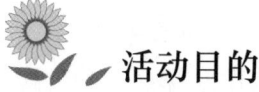

活动目的

1. 通过同学之间的互相评价,提高自我认识水平。
2. 让学生学会以开放的心态,正确看待他人的评价。

活动准备

1. 活动场地以室内为宜,活动时间大约40分钟。
2. 每人准备一份"镜子游戏"评价活动用纸(表1-5)。
3. 活动适合在初中生、高中生中进行。

表1-5　"镜子游戏"评价活动用纸

| 亲爱的同学们,从踏入学校的第一天起,我们就紧紧地连在了一起,还记得刚入校时的兴奋与骄傲,还记得军训时的锻炼和洗礼,还记得同学们从相识到相知的点点滴滴。我们共同品尝过胜利后的喜悦、失败后的失落,也经历过和谐相处时的快乐,矛盾冲突时的碰撞,一天又一天,我们彼此更加了解了,更加紧密了。生活中,我们互为彼此的"镜子",折射出他人的样子,今天让我们怀着真诚的心情,做一个称职的"镜子",说说在你的眼中,他或她是一个怎样的人,以便于让他或她更加客观、真实、全面的了解自己,进而完善自己。
核心人物是:_____　关键的三个形容词_____、_____、_____
具体描述(我认为):_____ |

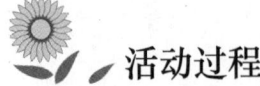

活动概述：为了让学生能够更好地了解自己，活动采用听取他人评价的方式，在一个小组内自荐或推荐一个核心人物，大家针对这位同学进行评价。评价内容包括：你认为他或她在学习、人际交往、性格等方面有哪些值得肯定的地方，又有哪些需要完善的地方，以及在他或她身上有哪些值得你学习的，你会给他或她提些什么建议等。活动带领者在学生交流的基础上，介绍"乔哈里窗"理论：公开的我、盲目的我、隐秘的我、未知的我。

活动步骤：

1. 将班级同学分为若干个小组，每组人数控制在5—6人。每组推选一名组长，由组长负责讨论与交流。根据自愿报名的原则，选取一人作为"核心人物"，接受组内成员的评价。如果没有人自愿报名，则组长需要协调，确定一名"核心人物"。

2. 每个组员领取一份"镜子游戏"评价活动用纸，参考评价内容，本着真诚、尊重、负责的原则，将自己对"核心人物"的评价写在活动用纸上，要求语言简练，内容丰富。

3. "核心人物"填写自我的评价表（图1-2）。要求能够做到全面、客观、真

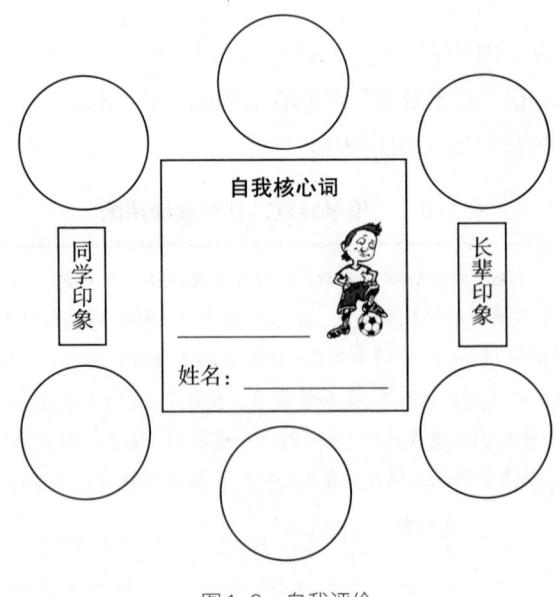

图1-2 自我评价

实。游戏活动结束后,可以将同伴对自己的评价也填在"核心人物"用纸上。

4. 小组成员写完评价后,由活动带领者组织全班分享。以小组为单位,请组长代表组员宣读自己小组对"核心人物"的评价。组长宣读时,请"核心人物"起立倾听。

5. 对小组"核心人物"的评价宣读完毕后,请"核心人物"结合自我评价,说说自己被评价的感受。如哪些评价是自己能够接受,并与自己的想法符合;又有哪些评价自己觉得是不能接受的。

6. 在倾听的过程中,活动带领者可以做出一些适当的补充,并进行总结。

❀ **问题讨论**

✦ 我们对自己了解吗?

✦ 你能够真诚地评价他人吗?

✦ 你觉得应该如何正确看待他人的评价?

带领者提示

1. 在推选"核心人物"的过程中,活动带领者要关注各个小组的推选进度,帮助小组成员顺利确定好"核心人物"。

2. 在各个小组分享对"核心人物"的评价时,活动带领者应关注评价内容,避免出现片面、尖锐甚至攻击性的评价。

3. 在小组成员自我评价和他人评价的基础上,活动带领者可以再做引导性发言:"我们应该如何正确看待他人的评价?"(1)要以开放的心态面对他人的评价。(2)了解他人的看法,有助于发现自己忽视的问题:如果是自己的不足、缺点,应有勇气面对,努力改正、完善。(3)他人对自己的看法、认识、评价也未必都正确。如果他人对自己的评价是错误的,就要坚持自己的看法,走自己的路,让别人去说吧!(4)自我评价与他人评价相结合,不断反思,才能逐步完善自己。

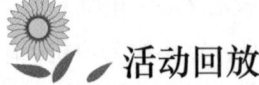

活动回放

当活动带领者宣布活动规则后,教室里顿时沸腾起来,有的学生主动请缨担任"核心人物",于是,他们小组立马就开始分发评价活动用纸,行动起来。有的小组迟迟也没有推选出"核心人物",最终,他们决定通过抓阄的形式来选出"核心人物",小丽最终不情愿地成了"核心人物"。

当活动带领者宣布开始小组分享时,每组的"核心人物"或多或少都显得有些紧张,而小组的其他成员却显得异常兴奋。首先分享的是毛遂自荐的刘同学所在的一组,当同学们一一说出对他的评价时,他从开始时的稍显紧张变得放松起来,等到活动带领者采访他时,他显得十分高兴,认为同伴的评价与自己的认识非常一致。紧接着分享的小杰则感到有些委屈,怎么同伴会对他有这样的评价,这是他从来也不曾想到过的。于是,活动带领者介绍了"乔哈里窗"理论,帮助小杰解答疑惑。

参与者感言

- 当小伙伴们推荐我成为小组的"核心人物"时,特别是当我站在全班同学的面前,听组长念着小组同学对我的评价时,我的内心真的有些忐忑不安。于是,我对自己说,要勇敢一些,同学们的评价能够帮助我更好地认识自己。抱着这样的一种心态,我慢慢平静下来。后来我发现同学们对我的评价更多的是赞美和美好的期望时,我感到有一股暖流涌入心中。

- 当我听到同伴对我的评价时,我简直有些吃惊,因为他们的评价和我自己的想法一点都不一样。后来听老师介绍"乔哈里窗"理论时,我才恍然大悟,原来每个人都有四个区域,而当我们进入到自己的盲目区时,就会出现别人知道而自己却没有意识到的这种情况。所以今天的镜子游戏,可以帮助我更好地了解自己。活动后,我还会请长辈们谈谈对我的评价,让我能更全面地认识自己!

专家点评

通过这个活动,引出"乔哈里窗"理论。在20世纪50年代,乔瑟夫(Joseph)

和哈里(Harry)提出了视窗理论。它是一种关于沟通的技巧和理论,也被称为"自我意识的发现——反馈模型"。其将人际沟通的信息比作一个窗子,分为四个区域:开放区、隐秘区、盲目区、未知区。开放区是自己知道、别人也知道的信息;盲目区是自己不知道、别人却可能知道的盲点;隐秘区是自己知道、别人却可能不知道的秘密;未知区是自己和别人都不知道的信息。

其实每个人都是多面性的,是立体而丰富的。通过他人对自己的评价,能够帮助我们看到自己的盲目区。当然别人的评价也只是看到你的一部分,并不是全部或者最终评定,我们可以将其当作参考意见。

此外,我们在意他人对自己的评价,有时是因为在乎身边的人,但每个人需要清楚的是,你不可能迎合所有人的标准。衡量一下对你很重要的人对自己的评价,同时尊重自己内心的想法,做真正的自己。

 活动10　拿手好戏

活动目的

1. 让学生在才艺表演中进行自我介绍和自我展示。
2. 通过才艺表演提高自我意识，提升自信。

活动准备

1. 活动适合在室内进行，时间大约40分钟。
2. 请学生活动前准备好才艺表演的设计和背景音乐。
3. 准备音乐播放设备。
4. 活动适合在中学生、小学生中进行。

活动过程

活动概述：为了让每位同学都有机会进行自我展示，组织班内所有学生进行自我才艺表演，要求大家表演自己的拿手好戏。在表演过程中，全班学生分为两大组，各组派出组员参加表演，造成竞争上台演出的气氛。同学表演完毕

后,全场给以鼓励、赞美的掌声。

游戏步骤:

1. 活动带领者在本次活动前邀请两位学生担任主持人,由主持人负责现场活动。

2. 全体学生按照1、2进行报数,所有报数为1的学生组成一组,所有报数为2的学生组成一组,两组学生共同组成一个"T"型舞台。

3. 从两个小组中依次选派一位学生进行才艺表演,表演中首先进行自我介绍。

4. 每个学生都要进行才艺表演,表演完毕,其他同学都要给予热烈的掌声。

❋ 问题讨论

✦ 面对上台表演,你的心情如何?
✦ 面对其他同学的精彩表演,你的心情如何?
✦ 通过上台表演和自我介绍,你收获了什么?
✦ 你对哪位同学的表演印象深刻,为什么?

带领者提示

1. 在活动前要做好摸底工作,了解班上学生个人才艺的水平,对个别缺少表演能力的学生要做好鼓励工作,不要让他们感到尴尬与自卑。

2. 在学生表演时,要求其他学生全身心地倾听,学会尊重与欣赏,学会鼓励与赞美。

3. 尽可能不要对学生的表演做等级性评价,此次活动的目的是自我展示,而不是才艺比赛。

活动回放

才艺表演开始了,两个小组中都有表现欲特别强的学生,他们自信、热情,准备了拿手好戏为大家表演。女生主要以舞蹈、唱歌,以及歌舞结合等方式进行表演,男生主要以唱歌、武术、体育动作等方式表演。

因为前面表演者的表现力和技巧性都非常好,所以后面还未表演的学生有很大的压力,在压力面前没人愿意选择冒险式的自我暴露——"出洋相"。后来出现几位男生和女生不愿意表演的情况,令活动带领者有点尴尬,场上的气氛也受到一定的影响。

怎么办?活动的目标原本是让每个学生都进行自我展示,但现在发现不是每个人都有才艺可表演的。活动带领者决定让两个小组开展讨论,如何以新的方式,让小组中的每个人都有自我展示的机会。最后,第一组学生采取的办法是,集体上台用名字接龙,让对方认识小组中的每位成员。而第二组学生采取两两搭档的方式,做自己平时最常做的肢体动作,完成表演。最终,令人尴尬的难题解决了,每个人都用适合自己的方式走过了"T"型舞台。

参与者感悟

- 我喜欢看《喜羊羊与灰太狼》,所以我表演的节目就是一段喜羊羊与灰太狼的斗争场面,因为表演得很像,赢得了同学们的阵阵掌声,我觉得很开心。在自我介绍中我也和"喜羊羊"结合起来进行表达:"我有喜羊羊的聪明,乐于助人,我还是一个乐观开朗的男孩,我的名字就叫陈斌。"

- 我很喜欢这个活动,我觉得能在这么多同学面前进行才艺表演,并介绍自己,真的很棒。我发挥了我的特长表演舞蹈,我学了6年舞蹈,这次我跳了一段孔雀舞,并配上很唯美的音乐,表演中我看到了同学们赞赏的眼神,真的很开心。后来我以自己的舞蹈特长进行了自我介绍,同学们认识了一个会跳舞的我。

专家点评

"拿手好戏"这个活动有新意,很受学生们的喜欢。其改变了传统的自我介绍的方式,让学生以自己最擅长的方式进行才艺表演,自我介绍的方式充满了创意,呈现了丰富多彩的舞台表演。每个学生都有自我推荐的愿望,只是有人热情开朗,积极奔放,善于表现;有人胆小腼腆、安静内敛,面对舞台表演常常会出现羞涩、紧张和焦虑。活动设计的亮点是,为每个人提供展示自我的机会与空间。能歌善舞的学生可以用歌声与舞蹈展示自我,但对一部分没有表演才华的学生来说,背一首自己喜欢的诗歌,做一个自己喜欢的动作都是被认可的展示,必须鼓励学生敢于上台,哪怕就是在台上站一站、走一走都应该给予肯定,相信这样的经历对这些学生来说,也是一个记忆深刻的经历。通过这样的活动,学生们的自信心提升了,班级的凝聚力增强了,一个充满生机的班集体慢慢形成,这就是活动设计的意义所在。

活动11 我的苹果树

活动目的

1. 在活动中学会认识、接纳、欣赏同伴的优点和长处。
2. 在活动中学会人际沟通的技巧,掌握和谐共处的法宝。

活动准备

1. 活动适合在室内进行,活动时间大约40分钟。
2. 每组准备一把剪刀、一卷双面胶、一张A4纸,以及若干彩笔、苹果形状的卡片。
3. 活动适合在初中生、高中生中进行。

活动过程

活动概述:学生在白纸上绘制一棵苹果树,这棵树代表自己,树上的苹果代表自己的优点。每位同学在苹果形卡片上写下自己的优点,贴到苹果树上,并进行小组内交流。然后再进行同伴之间赠送"苹果"的活动,把对同伴的赞美写在苹果形卡片上并贴到同伴的苹果树上。通过自我评价与他人评价更全面地了解自己的优势。

活动步骤：

1. 活动带领者将全班学生分成若干个8—10人的小组。

2. 给每个学生发放一张A4大小的白纸和苹果形状的卡片，请大家在白纸上画一棵苹果树，在苹果形状的卡片上写下自己的优点，写完后贴到苹果树上。

3. 画完后，小组所有成员围成一个圈，请一名参与分享的同学站到圈中央，展示自己的苹果树，并说出苹果代表了自己的哪些优点。

4. 小组成员对圈中的同学进行"赠送苹果"，即说出该同学存在的优点，并把写有该同学优点的苹果贴到他的苹果树上去。

5. 收到"苹果"的同学，要对给自己送"苹果"的同学表达感谢。

6. 让尽可能多的同学轮流站到圈内，接受"赠送苹果"环节的体验。

7. 总结本次活动的收获。

❋ **问题讨论**

✦ 在你周围的同学中，你最欣赏哪位同学的什么优点？

✦ 你最认可自己的优点是什么？

✦ 当你收到同学赠送的"苹果"时，你的感受是什么？

✦ 你的团队为你找到多少个优点？你的心情和感想如何？

带领者提示

1. 提醒学生注意倾听，对他人的发言不争辩，不反驳。

2. 活动带领者要讲清活动规则，关注那些未收到或很少收到"赠送苹果"的学生，鼓励他们送出"苹果"。

3. 鼓励更多的学生展示自己，接受他人赠送的"苹果"，分享本次活动的过程与收获。

活动回放

活动一开始，学生们非常专注地绘制苹果树，当活动带领者说要把代表自己优点的"苹果"贴到树上时，许多学生是带着自信，开心地完成任务的。但也有部分学生发现自己的苹果树画得太小了，很难贴上代表自己优点的"苹果"，于是一边修改苹果树，一边贴"苹果"。

在"赠送苹果"的环节中，站在圈里的同学，有的比较腼腆，对同学们慷慨赠送的"苹果"，觉得不好意思，也有不少同学能够做到自信接纳，并表示感谢。

小军在活动中的表现特别好，他说自己一直不够自信，总觉得自己在班级里人缘不好，也没什么好朋友，这次参加"赠送苹果"活动，收到同学们送他的"苹果"，让他感到特别温暖，被赞美真是一件快乐的事。他还意识到，要积极地与同学交往，主动打开心扉，接纳同学。有的时候不是同学们不愿意接受你，而是你自己把心门关上，拒绝他人。

这个"赠送苹果"活动，同学们基本上都能积极参与。王斌同学一上讲台，就立刻引发同学们的讨论，纷纷举手为他送出赞美的"苹果"，有的说他成绩优异，喜欢帮助同学；有的说他体育很棒，在校运会上取得了优异的成绩；有的说他画的一手好画，大家都很欣赏他的多才多艺。

参与者感悟

- 刚开始的时候，在同学们面前表扬自己，我有点不好意思，后来被同学表扬又觉得有点肉麻。但当活动中听到很多同学对我的表扬时，我发现那不是肉麻，而是一种真诚的赞美，于是我觉得很快乐，很幸福。原来赞美别人时，自己也是快乐的。

- 我在接受"赠送苹果"环节的收获最大，被全体同学表扬，是一种非常幸福的感觉。我收到很多"苹果"，看看我的苹果树，真是硕果累累啊，我今后还要继续努力，争取能有更多的优点展现给大家，非常感谢同学们。另外，我最欣赏同桌小青的宽容，有时候遇到不开心的事，他总是包容我，我要向他学习。

专家点评

这个活动有利于参与者提升自我意识。那么什么是自我意识呢？自我意识是一个人对自己的认识和评价，包括对自己心理倾向、个性心理特征和心理过程的认识与评价。自我意识在个体发展中有着十分重要的作用。"赠送苹果"环节就是让学生学会自我了解、自我评价，在与他人的交流中，不断地自我监督、自我完善。

在展开"赠送苹果"的活动时，活动带领者可以变通一些，如用优点树，或让学生将一张纸贴在背上，请同学们在背上写优点，只要操作简单就可以，相信学生会比较喜欢这样类似的活动形式。活动中学生能够学会接纳、欣赏他人，将有利于他们人际互动技能的培养。

"赠送苹果"活动可以直接用一个大大的苹果，送给学生喜欢的同伴，并告诉同伴自己对他的赞美，或可以继续把手中的苹果再送给他欣赏的人，再说出学生对同伴的欣赏，然后再下一轮继续拿手中的苹果送给学生最敬佩的人，并对他说出自己敬佩的理由。苹果只是一个道具，而活动要营造的是一种集体氛围，在这个氛围里，传达欣赏与赞美、信任与敬佩。

活动12　性别姜饼人

活动目的

1. 理解性别角色差异,增进对另一性别角色的了解和欣赏。
2. 悦纳自己的性别角色,塑造良好的性别角色。

活动准备

1. 活动适合在室内进行,活动时间大约30分钟。
2. 准备一张1K大的彩纸,强力磁粒若干。打印4张"性别姜饼人",分别贴在彩纸的左半部分和右半部分,做成一张海报。
3. 艺术字体打印形容男孩或女孩的词语:能干、娴静、贤淑、娇美、勇敢、独立、开朗、聪明、绅士、善良、宽容、守信、强壮、自信、勤奋、阳光、温柔、勇猛、果断、典雅、体贴、细腻、玲珑、羞涩、豪爽、强悍。
4. 活动适合在初中生中进行。

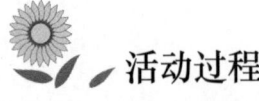

活动过程

活动概述:将学生分组后,活动带领者把事先准备好的"性别姜饼人"(代表男孩或女孩)如图1-3的图片和已打印好描述男孩或女孩特点的词语,分发给各个小组,请学生在小组内讨论,选出分别描述男孩或女孩的词语,贴在海报相应的位置上。贴好后全班同学思考问题,并分享活动的体验与感悟。

图1-3 性别姜饼人

活动步骤:

1. 活动带领者根据学生人数,将学生分成若干个4—6人组。

2. 先请学生根据男孩和女孩在穿着打扮、身体特征等方面的差异,谈一谈男孩、女孩各自有哪些不同?

3. 活动带领者给各组发放已经打印好的形容男孩或女孩的词语,各小组用3分钟的时间讨论哪些词语通常形容男孩?哪些词语一般形容女孩?将词语贴到代表男孩和女孩"性别姜饼人"相应的位置上。

4. 各小组讨论并交流,是否存在一些既可以用来形容男孩又可以用来形容女孩的词语?

5. 活动带领者在点评的基础上引导学生,男孩、女孩的差异不仅体现在生理上,而且在兴趣爱好、言行举止、行为习惯、性格气质、意志品质等诸多方面存在差异,家长、老师和社会都会对其有不同的要求。但有些品质、能力是男女生共有的。

6. 中学女生要充分显示出少女独有的青春美;中学男生则要充分显示出少男独有的阳刚之美。

❄ **问题讨论**

✦ 你认为男孩与女孩有怎样的不同?为什么?

✦ 你对自己的性别角色满意吗?

✦ 你觉得作为女孩或男孩还有哪些方面需要改进?

✦ 你觉得不论是女孩还是男孩,在哪些方面应该是一样的?

带领者提示

1. 本活动既要让学生明确性别差异，又不要过分强调男孩、女孩的不同。如：善良、宽容、守信、阳光、自信、勤奋、开朗等这些品质，是每个人都应该具备的。

2. 活动带领者要特别关注有女孩男性化（假小子）、男孩女性化（娘娘腔）倾向的学生，注意把握和引导，不要让同学的议论使他们受到负面影响。

3. 本活动的目的是让每个学生悦纳自己的性别角色，但要注意有些学生因为家庭原因，可能对自己的性别角色不接受，甚至否定。对这样的学生，课后要做跟踪辅导或进入家庭进行辅导。

 活动回放

本次心理活动最初要求学生根据男孩和女孩在穿着打扮、身体特点上谈一谈男孩、女孩各自有哪些特点？然后根据活动带领者提供的词语，将词语进行分类，形容男孩的词语放一边，形容女孩的词语放另一边，这时会出现矛盾，有些词语既可以贴在男孩处，也可以贴在女孩处，带着思考和质疑，学生进入更深的思考。活动带领者启发学生了解女孩与男孩在兴趣爱好、言行举止、行为习惯、性格气质、意志品质等诸多方面的特点，这些特点既有差异也有共同之处，比如聪明、阳光、开朗、能干等词语，可以贴在男孩或女孩公共的区域，这些品质每个人都应该具有。

在讨论问题的环节中，各组同学提出了许多问题，如有的同学把"强悍"贴到了女孩照片下面，一些女孩认为不对，女孩不能用强悍来形容，而有的女孩认为用强悍也可以，女孩子就要强悍一点。而男孩的反应则更加激烈，很多人认为现在班级的女孩都很强悍，经常对男孩大声训斥，而且还会打人，很凶的，一点都不温柔。女生立即又展开反击，于是男孩女孩分成两派激烈的争论。活动带领者可以给学生比较充分的讨论时间，注意引导学生认真对待问题，而不是吵架。

学生讨论后，引发男女生对自己性别角色的思考，比如，女孩的强势行为符不符合自己的性别角色，男孩子缺少阳刚之气，是否需要有所改变。

参与者感悟

- 我是班长,平时因为要管理班级,我一般会对男生大声讲话,有时候还会对他们很凶,在活动中男生把强悍贴到女生头像下面,其实更多是对我而言的,以往我没有意识到女孩应该具有温柔、淑女的一面。这个心理活动给了我一些思考,作为女生确实要明确自己的性别角色,温柔的女孩一样可以做班长,不一定要凶,同学才听你的,我要像老师所讲的那样,做一个柔中带刚的女孩,提升女孩应该有的角色意识,同时要注意管理班级的方法,与男生处好关系。

- 这个活动让我受益匪浅,让我懂得了性别角色及其特点,我一直是奶奶、妈妈带大的,性格里特别柔,老是被同学笑,说我娘娘腔。这个活动让我感悟到,人一定要具有鲜明的性别角色,我作为男孩的特征要明显,平时要注意与女生的相处,正如老师所说,这个世界因为男女和谐相处才变得如此精彩。

专家点评

随着社会的发展,性别角色的行为模式也在不断地发生变化。每个现代人都需要确立和传播健康的性别观念,消除性别偏见。大多数的男性拥有典型的男性化特征,再加上少许女性化的特征;而大多数的女性则拥有女性化的特征,再加上少许男性化特征。事实上,很多优秀的特点和品质是男女皆备的。

中学生的性别意识越来越强,将他们塑造成为怎样的男孩和女孩,是老师需要高度关注的。在学生性别意识发展的重要时期,我们要给予正确的引导。本活动值得肯定,成为亮点的地方是:在交流讨论时引发学生的一些冲突和争议,通过冲突和争议,学生对性别角色的认同会得到重视,开始审视和关注这个问题,老师此时应给予正确的指导,这对学生来说将会终身受益。

在开展心理活动的过程中,学生最大的收获就是自己发现了男生和女生有许多鲜明的差异,同时男生和女生也有很多共同的特点,在人际交往中男女生可以互补,通过互相学习,互相帮助,取长补短,男生女生可以成为很好的朋友。

进入青春期后,少男少女们开始出现强烈的性别意识,希望按照对男性美和女性美的理解来塑造自己的形象。这就涉及性别角色,性别角色指的是按照

人的性别特征所规定的人的社会性别规范,并在日常生活中对不同性别身份有不同的社会要求,以及特定社会对不同性别行为和责任的观念和期望。一般地说,健康而良好的性别形象,将使学生在人生中无往而不利。女生就要充分显示出少女独有的青春之美,男生就要充分显示出少年独有的阳刚之美。在往后的生活中,作为学生对于其他性别的人要更加心存尊重和欣赏。

活动13　我手知我心

活动目的

1. 让学生学会从不同的角度看待事物。
2. 在活动体验与分享中,学会多角度的客观认识自我,并恰当地对待自身的优缺点。
3. 在活动中认识自我,并学会接纳、肯定自己,完善自我。

活动准备

1. 活动场地以室内为宜,活动时间大约25分钟。
2. 准备手型图片,在手型图片上标注好相关认识自我的文字。
3. 打印手型图像,准备水彩笔若干。
4. 活动适合在初中生中进行。

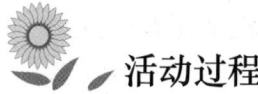

活动过程

活动概述: 活动带领者发放手型图片,讲解完成手型图像的方法,每位学生完成手型图像,小组内展示并推荐代表在全班交流。

活动步骤:

1. 活动带领者将全班学生分为若干个6人小组。

2. 为每个学生发一张画有手型的白纸,对应手指内容:外貌皮肤、体型身高、特长能力、学习成绩、谈吐表达做自我评价(图1-4),包括:满意、不满意和一般。用水彩笔在手型纸的对应手指上画出自我感觉满意的为笑脸,不满意的为哭脸、感觉一般的为平静的脸。

3. 画完后在小组内进行展示和分享。

4. 每个组派一位同学在全班做交流。

5. 活动带领者做总结点评。

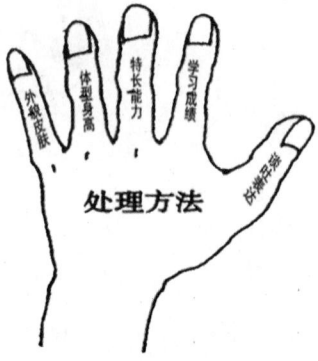

图1-4 手型

❄ **问题讨论**

✦ 数数自己画了几张笑脸、几张哭脸、几张平静的脸?

✦ 五个手指的内容代表了五大方面的自我评价,想一想你对自己的评价是自信的?自卑的?还是不了解?

✦ 通过小组交流,你有怎样的收获?

✦ 通过此次活动,你有怎样的感悟?

带领者提示

1. 在活动中,有的学生不愿意分享,此时要尊重本人的意愿。

2. 在分享交流时,要求尊重同学,认真倾听,不要随意评价,避免对同学产生负面影响或者造成伤害。

3. 活动带领者要特别关注避免用同一种图标表示或评价全部的学生,如全是"笑脸",全是"哭脸"或全是"平静的脸"。遇到这种情况,可能是学生不够认真,应付了事,也可能是盲目乐观或极度自卑的表现。

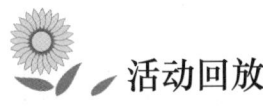 活动回放

　　学生拿到手型图像后,充满了好奇心,根据自我评价的感觉,在手型图上进行"笑脸"和"哭脸"的标注。在标注的过程中,学生产生了疑问,比如,有些方面自我感觉不一样,改用什么标注？学生商量后决定创造一个不哭不笑的脸,脸的嘴巴画成一条直线——"平静之脸",学生对自己的创意感到十分满意。

　　学生画好后进行组内分享,存在三种情况：第一种情况是有很多"笑脸","哭脸"很少,而实际上画"笑脸"的学生在各个方面并不是很优秀,只是自我感觉特别好；第二种情况是学生本身很优秀,但画的"笑脸"很少,"平静之脸"却很多,也许学生不够自信,也许他故作低调；第三种情况是学生能够比较客观地评价自己的优势和不足。

　　学生在多角度的自我评价方面存在不少误区,有的过高估计自己,会产生盲目乐观；有的学生过低评价自己,会产生自卑情绪,这些都会影响学生的自我成长和自我发展。另外,在分享过程中,学生大方的公布了"笑脸"和"哭脸"的数量,没有顾虑,但对于内容的表达就不太情愿了,这一点体现出学生对自我内心的关注和保护。因此,在活动中要格外小心地保护学生的自尊心。对于在活动分享中,存在自信不足,客观评价不够高的学生,可以请熟悉他的同伴给予正面评价,通过自评、他评和教师评价等方式,帮助学生多角度客观地认识自我,树立自信心。而对于很多用不哭不笑之脸的学生来说,老师要给予正确的指导,鼓励学生找到自身的优势,正确认识自我。

参与者感悟

- 在这个活动中,我画了很多个笑脸,我觉得很开心,我原来有这么多优点。在分享中我意识到,我只看到自身的优势,有很多不足之处被忽略了,于是我用心去找,找到了很多需要改进之处,这个活动对认识自我很有帮助。

- 我一直以来都有点悲观主义情结,所以我画了很多哭脸,但当老师让同学们说说我的优点时,我惊呆了,原来我也有很多优点。以往我从来不觉得这些是优点,我妈妈总是要求我做到最好,因此我对很多事情都追求完美,总觉得自己做得不够好,这次活动让我看到一个全新的自己,真的很感动。

专家点评

　　一般在活动中,学生总是表现的自信心不足,对自己的评价不客观。但在此活动中学生的分享非常有意思,比老师的说教效果要好很多,学生在活动中体验并发现自己的优点和长处,而且在全体学生面前分享,还可以知道同伴对自己的全面评价,这个活动给学生带来的触动很大。

　　本活动可以尝试在班会课,或班团队,或课外拓展等活动中进行,效果可能会更好。需要注意的是当活动中出现自我评价偏低的学生,活动带领者要及时鼓励,给学生一些支持非常有必要。

　　自我意识是指一个人对自己,或自己与他人以及自己与周围环境的关系的认识。具体包括三个方面:一是个体对自己身体、生理状态的认识、体验。如身高、体重、容貌以及温饱感、舒适感、病痛感等,也就是生理的自我。二是个体对自己的心理活动、个性特点、心理品质的认识、体验和愿望。如智慧、能力、性格、气质、兴趣、爱好等,也就是心理的自我。三是个体对自身与外界客观事物和人的关系的认识、体验和愿望。既包括个体对周围客观环境和人的影响、作用的认识和体验,也包括自身对在客观世界中的地位、责任、力量的认识和体验,也就是社会的自我。对学生来说,成长的经历就是一个认识自我、完善自我的过程。

　　总之,一个人的心理发展历程一般都要经历从幼稚走向成熟的过程,形成正确的自我意识是心理成熟的标志,这对孩子的心理健康成长非常重要。

 活动14 心中花园

活动目的

1. 通过画小动物,让学生展示"内心的我"。
2. 通过画出自己"心中花园",以及与喜欢的小动物交流两个环节,让学生相互认识,促进彼此的了解。

活动准备

1. 活动适合在室内进行,时间大约40分钟。
2. 准备彩色蜡笔或水彩笔12盒、A4白纸40张。
3. 活动适宜在初中生中进行。

活动过程

活动概述: 活动带领者要求每个学生画一个"心中花园",并在花园里再画一个小动物,同时想一想,自己画的小动物有哪些特征与自己的性格特点有相似之处。在此基础上小组交流,并派代表在全班进行分享。

活动步骤：

1. 活动带领者将全班学生分成若干个6人小组。
2. 给每组发6张白纸和2盒彩笔。
3. 在10—15分钟内，学生充分发挥想象力，每人在白纸上画上一个"心中花园"，并在花园里画上一个自己喜欢的小动物。想一想小动物的特征与自己的性格有哪些相似之处。
4. 在小组内向同伴介绍自己"心中花园"，描述自己所画小动物的特征与自己性格相似的理由。
5. 各组选出代表在全班分享，活动带领者进行点评。

❄ **问题讨论**

✦ 请描述自己"心中花园"，所画的场景代表什么？
✦ 你画了一个怎样的小动物，你认为该小动物哪方面的特征与你的性格有相似之处？
✦ 如果要把自己放进花园里，你会在哪里？周边还有什么人？

带领者提示

1. 活动带领者可以暗示大家，花园和小动物可以是形象的肖像画，也可以是抽象的比喻画；可以是单色笔画成，也可以是多色笔画成。
2. 有的学生可能会因为自己的绘画技能差而感到为难，活动带领者要提醒大家本游戏不是绘画比赛，只要使用绘画的内容、形式等，表达自己的本意即可，画得不清楚的地方，可以在分享、交流时加以说明。
3. 活动带领者在点评中，不要被学生的画技所影响，要敏感地觉察到学生对自我的比喻和表达。

活动回放

根据班级人数分成若干个6人小组后,给学生分发A4白纸,每组发两盒蜡笔,学生清楚活动规则后,开始非常认真和投入的进行绘画。学生在花园里画了很多花花草草,还有一些动物,小动物画得特别用心,15分钟左右,学生陆续完成作品。

在小组分享时,有的学生非常高兴的把自己画的花园展示给大家看,并进行了介绍。但也部分学生不愿意向别人展示自己的作品,也不想分享、交流。活动带领者此时要给予引导,强调这个活动不是比赛画画水平,活动的目的是让大家了解你"心中的花园"是什么样子,你和小动物的哪些特征具有相似性。在活动带领者的耐心引导下,学生们会慢慢消除顾虑,开始愿意进行交流。

集体分享时,学生们踊跃参与展示:画小白兔的同学认为小白兔很可爱,而且皮肤白,与自己很像;画小猪的同学说自己爱吃爱睡,与小猪很像;画小猴的同学认为小猴子聪明伶俐,动作快和自己的个性一样;画小狗的同学说,小狗做事踏实,对人忠诚,自己也具有这些特点;画小老鼠的同学说:人家都说"老鼠过街人人喊打",我不这么认为,在我心里老鼠可是鬼灵精怪的动物,看过动画片《猫和老鼠》吗,里面的Jerry灵活聪明,鬼点子多,特别快乐,这些特点都和自己非常像。另外,一个同学非常特别,画了一只凶猛的狮子,他告诉大家,自己就喜欢狮子的霸气,他要学习狮子,做一个德智体全面发展的霸气男生。同学们没有嘲笑他,反而给他热烈的掌声,原来他就是班级里的学霸和体育健将,为班级挣得过很多荣誉,同学们都佩服他。

此外,还有一个同学画了一个刺猬,他说:"我像刺猬,看上去浑身长满刺,很难惹的样子,其实我很温驯,我只有在被别人欺负的时候,才会像刺猬一样反击。"同学们画的动物各不相同,分享的内容更是丰富多彩,与各种动物进行认真比较,真的很像他们自己。

参与者感悟

● 我画了一个生机勃勃的花园,里面有各种各样的树、美丽的花和可爱的小草,最可爱的就是我画了一个小白兔,它浑身雪白,长了两只尖尖的耳朵,一个裂开的嘴巴,露着两颗白白的牙齿。我为什么重点画这只兔子呢,因为我觉得我就是一只兔子,可爱,快乐,无拘无束的生活,公园代表着我所向往的大自然。

- 我"心中花园"里最多的就是树和草,尤其是草。看,我画了一片大大的草地,这样就可以为花园里的小羊提供了一个粮仓,小羊最爱吃草了。我觉得我和小羊最像了,温顺听话,与别人友好相处。

专家点评

"心中花园"活动设计的亮点之处,在于让学生在快乐的想象中,反思自己是一个怎样的人?自己具有什么特点和优势?图画所传递的信息量远比语言丰富,表现力更强,学生在画图过程中,把无形的东西有形化,把抽象的东西具体化,逐渐清晰对自己的认识。

活动意图是让学生关注美丽花园中的自己,但活动带领者运用了心理学中的投射原理,引导学生关注自己喜爱的小动物,在小动物的特性中寻找自己的特点。学生们认真的画花园、画小动物,其实都是在画自己。在分享交流中,每个学生都要回答:"为什么画这个小动物?""小动物有哪些特点与自己的个性相像?"活动符合学生的心理特点,能够激发他们在丰富的想象力中认识自我。

对一位班主任来说,如何了解性格迥异,各具特色的学生们,运用"心中的花园"这个活动,可以起到了意想不到的效果。

如果给一个建议的话,那么在活动的过程中,可以安排一个环节,让其他学生给交流的同学提建议,让学生不仅了解"自己心中的我",而且也听听"别人眼中的我",这样每个人对自我的理解会更加全面。

活动15　智慧眼

1. 通过心理投射的方法,让学生认识自己。
2. 通过活动,让学生学会正确看待自身的优缺点,并以恰当的方式对待自己的不足。

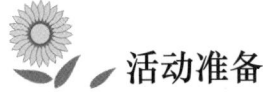

1. 活动场地以室内为宜,活动时间需要30—40分钟。
2. 准备每人一张绘有黑点的A4白纸。
3. 准备多盒彩色蜡笔或黑色水笔、剪刀。黑板磁铁石,用于学生作品在黑板上展示。
4. 活动适合在初中生、高中生中进行。

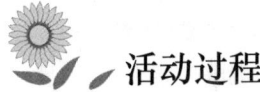

活动概述:活动带领者出示一张带有黑点的A4白纸,启发学生对黑点进行

解读，然后再给每位学生发一张带有黑点的A4白纸，让学生用自己觉得合适的方法进行处理。学生处理完毕后进行全班交流。对学生们丰富多彩的处理方式，活动带领者进行总结归纳，在第一轮处理的基础上，活动带领者需要提示：如果白纸代表自己，黑点代表自身不足，我们又会怎样处理这个黑点呢？学生经过思考和讨论，全班再进行交流。

活动步骤：
1. 活动带领者出示带有黑点的A4白纸，并分发给每个学生。
2. 要求学生根据自己的理解，使用不同的方式处理这张带有黑点的白纸。
3. 各组选派代表在全班交流个人处理的方法，活动带领者归纳点评。
4. 活动带领者启发学生：假如白纸代表自己，黑点代表自身不足你会怎样进行处理？
5. 学生再次讨论交流，活动带领者最后总结。

❄ 问题讨论

✦ 看到一张白纸上有一个黑点，你的感觉是什么？你会用什么方法去处理？
✦ 其他同学的处理方法对你有怎样的启发？
✦ 假设白纸代表自己，黑点代表自身的不足，你会用什么方法进行处理？

带领者提示

1. 如何处理黑点，学生们在认知上应该有不同的层次。所以，对白纸上黑点的处理，可以从美化处理逐渐深入到对自身不足的认识。

2. 这个活动适合七年级以上的学生，七年级以下的学生对黑点的理解常常缺乏深度。因为低年级学生很少会尝试从多个角度，用多种方式来做补充完善、美化白纸上的黑点。

3. 在全班交流中，活动带领者要发现每个学生的独特性和创意性，对一些有深度的作品可以重点进行示范。但要注意保护部分没有太多想法的学生，弱化横向比较后的评价，强化纵向比较后的引导。

 活动回放

活动带领者向每一位学生发放带有黑点的A4白纸后,许多同学开始动手处理,有的学生用彩笔美化黑点:画成一朵花、画成一个笑脸、画成一个人等;有的学生将整张白纸进行绘画,画成一幅画让黑点成为画中的一个部分,还有的学生把带有黑点的部分折到反面。另外,有的学生用蜡笔把黑点改造成一个大大的太阳;有的同学用铅笔将黑点涂抹掉;有的同学直接用剪刀将黑点挖掉……

学生们的处理方法真是五花八门,创意无限。在第一轮活动时,大家主要在删除、补充、完善、美化等方面进行加工和创造。

活动带领者在肯定的基础上,提出新的问题:假如白纸代表自己,黑点代表自身的不足,你又会如何处理这张带有黑点的白纸(图1-5)?

图1-5 带有黑点的白纸

于是,有的学生将自己的黑点用铅笔涂掉,他认为把缺点掩盖掉,眼不见就心不烦了,这引发了同学们的大讨论。有的同学认为掩盖自己的不足不是解决问题的好方法,涂掉了,不代表就没有了,不足依然存在,只是自欺欺人的方法而已。对于涂掉的方法,同学们认为这种方法不是最好的方法,最好的方法是对黑点进行改造,并转化成自身的优点,将不足变成优点,有利于自身的成长。

参与者感悟

- 我处理白纸上黑点的方法是用铅笔把黑点涂掉,谁都看不到了,我觉得挺好啊。在小组交流时,同学们提出建议,他们认为每个人身上都有缺点,有缺点并不可怕,可怕的是不肯承认缺点,不敢面对,不去改变,这样就不会成长。同学们的建议对我启发很大,一直以来我就是这样面对自己的缺点的,任其存在,也不懂得去改变,甚至不愿意听从别人的劝告,这次心理活动我体验到了,让我懂得了知错就改,要敢于面对自己的不足。

- 我在活动中将黑点画成了一朵美丽的花,我的想法是希望能够发现自己的不足,并努力改正,将不足转化成优点,这样我的不足就会越来越少,优点就会越来越多,正如我画的这幅画一样,会变得越来越美好。

专家点评

根据多年的教育经验,感觉许多独生子女是被爷爷奶奶、外公外婆等宠着长大的,他们可能会觉得自己都是正确的,不愿意承认自身的问题。在与他人相处时容易发生冲突。运用这个心理活动,学生在活动中会有很深刻的体验,能够学会客观认识自己的不足,避免产生许多冲突。

在活动中,学生对黑点进行美化,掩饰的比较多,当活动带领者提出"假如白纸代表你自己,黑点代表自身不足"时,部分同学就会采取剪掉、折掉、涂掉的方法,那是因为他们觉得缺点不好,要坚决除掉。其实作为活动带领者要引导学生客观认识自己,积极接纳自己,努力优化自己,学会"扬长避短"和"取长补短",将自身的不足转化成自己的优点,这是特别重要的,需要活动带领者关注到这些点。

第二章　集体凝聚
——快乐集体

　　人本主义心理学家马斯洛认为,人在满足安全需要之后都会寻求一个自己所能归属的集体,在这个集体中获得他人的尊重和帮助、关心和爱护。对学生而言,除了家庭,学校班级就是他们最有归属感的地方。所谓学生的归属感,是指学生自觉地将自己看成学校集体的成员并对学校班级产生一种寄托感。任何集体中都会有人际关系问题,对中学生来说同伴交往日益重要,他们对友情的质量有更高的需求和期待。他们在与同伴的交往中非常注重情感体验和情感支持,但实际上人际交往时经常会因为情绪问题产生重大冲突,如果不知道如何处理同伴相处的困境,就会造成心理困扰,导致同伴关系不好,并在集体生活中产生很多问题。

　　通过本章的活动体验,可以让学生融入集体,在集体中找到朋友、找到自信、找到快乐。班主任和任课老师都是教学活动的组织者,尤其班主任是班集体的主要组织者和建设者,如何培养学生热爱班集体,对班集体产生强烈的归属感是其工作重点之一。当然,其他学科老师在课堂教学中,如何提高学生的协作和应对能力,提升课堂凝聚力,也需要关注学生在班集体中的一些表现和心理需求,可以在课堂上偶尔尝试一下有趣的心理教育活动,这对于班集体教学氛围的形成,以及提升师生之间的情感都有益处。

活动16 爱在指间

活动目的

1. 在活动中感悟人际沟通需要认同和接纳。
2. 在活动中学习人际交往技巧,提高人际交往能力。

活动准备

1. 活动场地以室内为宜,活动时间大约30分钟。
2. 准备手型的玩具模型,也可以用打印的手型图片代替玩具模型。
3. 准备一首具有较强节奏感的背景音乐。
4. 活动适合在初中生、小学生中进行。

活动过程

活动概述:把参加活动的学生分成人数相同的两组,内圈和外圈。内圈学生和外圈学生两两相视而站,学生在活动带领者的口令指挥下,做出相应的动作。每做完一组"手势——动作",外圈的学生就要分别向右跨一步,与下一个学生相视而站,同时跟随活动带领者的口令再做出手势动作。以此类推,直到外圈的同学和内圈的每位同学都完成了一组"动作——手势"为止。

活动步骤:

1. 将学生分成人数相同的两组,一组学生围成一个内圈,另一组学生站在内圈同学的身后,围成一个外圈。

2. 内圈学生和外圈学生两两相视而站,学生在活动带领者的口令指挥下,做出相应的动作。

3. 活动带领者先给全体学生做手势示范:(1)伸出1个手指表示:我现在还不想认识你;(2)伸出2个手指表示:我愿意初步认识你,并与你做个点头之交的朋友;(3)伸出3个手指表示:我很高兴认识你,并想对你有进一步的了解,想和你做个普通朋友;(4)伸出4个手指表示:我很喜欢你,很想和你做好朋友,与你一起分享快乐和痛苦。

4. 活动开始后,如果学生做出以上手势,两个同学就必须做出相应规定的动作。如果两人伸出的手指不一样,则站着不动,什么动作都不要做;如果两个人都伸出1个手指,那么各自把脸转向自己的右边,并重重地跺一下脚;如果两个人都伸出2个手指,那么就微笑着向对方点点头;如果两个人都伸出3个手指,那么就主动热情地握住对方的双手;如果两个人都伸出4个手指,则应该热情地去拥抱对方。

5. 当活动带领者发出"活动开始"的口令时,同学们就做出手势动作。每做完一组"手势动作",外圈的学生就分别向右跨一步,与下一个学生相视而站,并跟随活动带领者的口令再做出手势动作。依此类推,直到外圈的学生和内圈的每位学生都完成了一组"手势动作"为止。

❈ **问题讨论**

✦ 你是如何决定伸出几个手指的?
✦ 当你与对方做出相同手势或不同手势时,心情如何?
✦ 面对同性同学和异性同学,你的手势会有怎样的不同?
✦ 当你伸出的手指比别人多时,心里的感觉是怎样的?
✦ 从这个游戏中你得到什么启示?

带领者提示

1. 活动带领者重点解读本活动"手势"与"动作"的规则要求,力求让学生都理解,可以安排几次练习的机会,熟悉活动规则。

2. 在活动中有同学会伸出不同的手指来进行表达,活动规则对伸哪个手指不作限制,只关注伸手指的数量。

3. 在活动中,学生对同性同学的手势与对异性同学的手势会有较大的区别,活动带领者要进行适度引导。

 活动回放

学生在认真听完活动中关于"手势"与"动作"的规则后,就开始跃跃欲试了,他们十分有兴趣做这个活动。一开始活动带领者给大家3次尝试的机会,对还没有理解活动规则的同学给予现场指导。一些学生确实没理解活动规则,比如,伸1、2、3、4个手指代表的意思,以及两个同学动作不同,相应的应该做怎样的动作,模拟了3次后,学生基本上都理解了,活动正式开始。

在活动中,一开始大家伸手指时,伸1—4个手指的都有,学生对于跺脚、点头、握手都做的不错。遇到同性别的同学,拥抱也不是问题,但是如果碰到异性同学,拥抱就成了不可能的事。对于伸1个手指的同学,由于被拒绝交朋友,会有学生表现出沮丧的情绪。伸3个手指的同学是最多的,也是非常快乐的,有一部分同学伸出4个手指,当他们相互拥抱时,能感受到学生间主动、热情交往所带来的快乐和幸福。

学生在分享交流中说出自己内心的感受:在活动中对于跺脚的体验,觉得有些尴尬和伤心,因为伸1个手指意味着对面的同学不要和我做朋友,没有被接纳,感觉很难过的,拒绝别人和被别人拒绝都不好受。被接纳时的点头、握手、拥抱让人觉得很高兴,先接纳同学往往很容易被同学接纳,这一点是此活动最大的收获。

参与者感悟

- 一开始我觉得活动规则有点难记，但练习了2次后，发现活动很有意思。一开始我被一个女生拒绝了，当她伸了1个手指时，我心里有点难过，因为我伸了2个手指，我希望和她做朋友，但被她拒绝后，我们都有点尴尬，站着不动。当换了一个同学后，他伸了3个手指，我也伸了3个手指，我们热情地握手，就像两个已经认识了很久的朋友似的，被接纳的感觉真好。

- 我是一个非常乐观开朗的男孩，喜欢交朋友，在这个活动中，我基本上都是伸2—4个手指，我发现我对面的同学看到我伸2—4个手指后，对我都很友好，用接纳的方式回应我，这让我懂得了一个道理，你用怎样的方式对待别人，别人也会用怎样的方式对待你。

专家点评

处于青春期的中学生在人际交往上存在不少的困惑，如何与他人相处，需要给予指导。在这个活动中，学生体验了拒绝和被拒绝，接受和被接受，懂得了一些交友的方法和技巧。与人主动交往的方式有很多，如主动与人打招呼，主动帮助别人，主动关心别人，主动与别人一起参加活动等。

这个心理活动让学生们明白一个道理：中学生在人际交往中有一个共同的倾向——希望别人能承认自己的价值，支持自己。被他人接纳和喜欢是大部分人的渴望，但是任何人都不会无缘无故地喜欢和接纳他人的。喜欢是有前提的，那就是我们也要喜欢对方，承认对方的价值，也就是说人际交往中喜欢与讨厌、接近与疏远是相互的。一般而言，喜欢我们的人，我们才会去喜欢他，愿意接近我们的人，我们才会去接近他；而对于疏远、厌恶我们的人，我们也会疏远或厌恶他。因此在人际交往中，应遵循交互原则。对于交往的对象，我们应主动敞开心扉，接纳、肯定、支持、喜欢他们，保持在人际关系的主动地位，这样别人才会接纳、肯定、支持、喜欢我们。

指导学生理解朋友的含义。朋友是指在特定条件下，由双方都认可的认知模式联系在一起的不分年龄、性别、地域、种族、社会角色和宗教信仰的相互尊重、相互分享美好事物、可以在对方需要的时候自觉给予力所能及的帮助的人及其持久的关系，其最高境界是知己。

此外,学生还要学习一些交友的法则:一是交友的"黄金法则"是:你想人家怎样待你,你也要怎样待人。黄金定律的秘诀在于:你掌握着人际关系的主动权,如果你想要一个和谐顺畅的人际关系,你就可以拥有,当然关键是你要先付出。二是交友的"白金法则"是:别人希望你怎样对待他们,你就怎样对待他们。白金法则的秘诀在于:从研究别人的需要出发,然后调整自己行为,运用我们的智慧和才能使别人过得轻松、舒畅。白金法则处理问题的出发点是别人,承认人的风格是有区别的,这是白金法则与黄金法则最根本的区别。黄金法则和白金法则都启示我们,在社交和处理人际关系时,要尊重人,待人真诚,公正待人。

活动17　包馄饨

 **活动目的**

1. 培养学生的生活自理能力,用实际行动证明自己的成长。
2. 让每一个学生都能参与其中,与老师、同伴一起感受成长的快乐,体验集体的凝聚力。

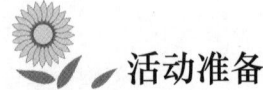 **活动准备**

1. 活动适合在室内进行,时间大约60分钟。
2. 根据班级人数分组,提前联系食堂,准备好当天包馄饨比赛需要的全部材料。
3. 活动当天,将4个桌子拼在一起,组员围绕在桌子四周包馄饨。
4. 活动适合在初中生、高中生中进行。

 **活动过程**

活动概述:让平时很少做家务的学生,体验自己动手做家务的成就感。通

过体验包馄饨,感受包的过程和吃的快乐,进一步提升班级凝聚力。

活动步骤:

1. 活动前根据全班人数进行分组,每组安排4—6人。

2. 整个比赛分两个阶段:第一阶段,要求全体组员一起行动,在规定的10分钟内,看哪个小组包的馄饨又多又好。

3. 活动带领者宣布活动开始,各个小组开始包馄饨。时间到,请各个小组将装有馄饨的托盘摆放在一起,邀请班级的任课老师作为裁判,从数量、质量、摆放整齐度三方面进行评比,将评比结果记录在表中(表2-1)。

表2-1 "包馄饨"比赛评分记录

摆放整齐	数量	质量			摆放整齐	
		好	一般	差	整齐	不整齐

4. 第二阶段,要求各个小组将剩下的馄饨皮全部包完,同时组内每个人都要尝试至少包一个富有特色的馄饨,并为自己小组包的馄饨摆个造型,取个名字。

5. 本组进行馄饨展示并介绍取名的寓意,邀请任课老师一起进行最有创意的评比。

6. 请食堂工作人员帮忙煮馄饨,并分享自己的劳动成果。

7. 活动带领者进行活动总结。

❋ **问题讨论**

✦ 通过活动,你最大的收获是什么?

✦ 如果要体验一次包馄饨的过程,你认为需要做哪些准备?

✦ 吃自己包的馄饨与平时吃店里买的馄饨有什么不同的感受?

带领者提示

1. 为了让本次活动有序地正常开展，一定要充分落实前期的准备工作。每组所需配备的材料和工具包括：馄饨皮、菜肉馅，以及一个放馄饨的大托盘、筷子、一次性台布。

2. 开始包馄饨时要做好卫生工作，如洗手等，并且提醒学生开始包馄饨时，手不能随便触碰其他东西。督促学生要认真做好活动结束后的卫生工作。

3. 班级有部分学生可能不会包馄饨，所以在包馄饨比赛前，可以由活动带领者进行示范，让学生练习10分钟后再开始正式比赛。

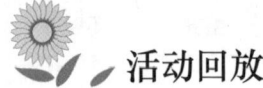

活动回放

活动开始前，整个教室就已经沸腾起来，同学们从来没有这么主动过：拼桌子，搬椅子，忙成一团。当食堂的师傅把馄饨皮和菜肉馅等材料送到班级时，大家都兴奋地一拥而上。活动带领者将材料分发完毕后，再次强调了活动的要求，随着一声"开始"，各个小组的成员齐聚在一起，包馄饨比赛拉开了序幕。

每个小组都在活动前做了充分的准备，根据组内同学是否会包馄饨的情况，做了合理的分工，会包的同学全部上场，不会包的同学负责放肉馅，整理馄饨的摆放。没想到会包的同学还挺多的，各个小组你追我赶，主持人在活动过程中"煽风点火"，营造了紧张而又欢快的氛围，各个小组都使出了全身解数，希望拿出自己组最好的成绩。

虽然第一阶段的大比拼决出排名的先后顺序，但这丝毫没有影响同学们参与活动的积极性。第二阶段，活动带领者要求人人都要包至少一个富有特色的馄饨。这可难住了从来没有动手包过馄饨的同学，任课老师也积极参与到每个小组中，与学生一起包起馄饨。没想到，在活动中竟然还涌现出许多包馄饨的高手，而且包出来的馄饨都带有各个地方的特色。最后进行馄饨造型的展示，"莲花式""竹筒式""元宝造型"，以及"僧帽式"等应有尽有，最终我们为班级的馄饨取名为"五湖四海，相亲相爱"，寓意大家虽然来自不同的地方，但彼此的情谊永远不断。

馄饨已经全部包完了，同学们仍然舍不得离开，感觉包得不过瘾，希望下次还能多包点。各个小组派出两名身强力壮的男生，把装有馄饨的托盘送到食堂。不一会，带着期待的心情，同学们整队前往食堂，观摩师傅煮馄饨。看到锅中一个个白白胖胖的馄饨，同学们的脸上都露出了幸福的笑容。等到排队品尝时，不少学生露出了猴急相，盛了满满一大碗，吃得津津有味。

参与者感悟

- 在此次包馄饨的活动中，我发现原来班级里竟然"卧虎藏龙"，来自五湖四海的小伙伴个个都是包馄饨的高手，许多同学成为师傅，收了若干徒弟。最让我难忘的是，在活动的最后，我们还品尝到了自己劳动的果实，每个人都吃到了大家包的馄饨。因为那是我们自己辛苦劳动的成果，所以感觉很特别，吃的时候内心充满了温馨与自豪。这样的活动让我们学会了生活的技能，体会到了活动的乐趣，享受着成长的喜悦。

- 第一次和同学们在一起包馄饨，第一次来到食堂看师傅为我们煮馄饨，第一次排着长队等候吃馄饨，太多的第一次，真让我记忆犹新！虽然我们组里很多人都不会包馄饨，还给唯一一个会包馄饨的人"添麻烦"，但同学们都在认真地学着包，没有嘻嘻哈哈的玩闹。在不断的摸索中，我们逐渐摸索出一些经验：一个同学放肉馅，一个同学负责包，进行得十分有序，默契十足，组员之间彼此加油、鼓劲。最终包好的馄饨虽然样子有些不太美观，但整个参与的过程却充满了温馨与美好。

专家点评

除了学习生活技能，还应该引导学生多参与劳动活动，体验劳动的乐趣，提高学生的生活本领。学生在参与各种丰富多彩的集体活动中，能够学习人际交往、团队合作，同时还能增进同伴间的互相了解，学会对彼此的包容。

该活动来源于学生的实际生活，既能让学生在动手的实践中获得成长，又能品尝到自己亲手包的馄饨，是一件十分美好的事。幸福是什么？幸福就是在完成一件件小事的过程中，体验快乐，获得成长。在以后的班级活动中，可以根据老师的特长，结合生活实际，开展系列的劳动活动，如擀面条、包粽子、做汤圆等。

活动18 放风筝

活动目的

1. 让学生提高动手能力、创新能力和团队合作能力。
2. 让学生在活动中获得身心放松,为自己憧憬的未来努力奋斗。

活动准备

1. 本活动适合在室内进行风筝制作与赛后分享活动,在户外进行风筝比赛。时间大约80分钟。
2. 根据小组组数,为每组准备一瓶纸胶、一把剪刀,以及长度不一的竹篾若干、纱纸条若干、马拉纸若干等制作风筝的材料。
3. 提供风筝制作步骤的介绍材料。准备室外道具:哨子。
4. 活动适合在初中生和高中生中进行。

活动过程

活动概述:活动带领者为各组学生准备好制作风筝的材料,以及如何制作风筝的知识性材料,组织学生自己动手制作风筝及其放飞风筝的活动。

游戏步骤：

1. 随机分组，建议6人一组，各组领取制作风筝的材料。
2. 学生以小组为单位制作一只风筝。
3. 制作好风筝后，小组讨论：风筝的命名、寓意及独特之处，并在风筝上写上放飞的梦想等。
4. 学生们交流制作风筝的感想和放飞理想。
5. 活动带领者带领学生到室外进行放飞风筝的活动。
6. 放飞风筝活动结束后，活动带领者组织学生回到室内，交流放飞风筝的感受和收获。
7. 活动带领者总结并点评本次活动。

❈ **问题讨论**

✦ 在风筝制作中遇到哪些困难，最终是如何解决的？
✦ 在风筝的制作和放飞过程中，组内成员是否产生过意见分歧，大家是如何协调的？
✦ 你觉得能够完成风筝制作和成功放飞，最关键的因素是什么？
✦ 通过制作与放飞风筝，你有怎样的感悟和收获？

带领者提示

1. 为了让最后成品的风筝丰富多彩，各具特色，活动带领者除了给各组准备固定材料外，还可以让学生自备一些能够突出小组特色的材料。
2. 为了便于学生顺利完成制作风筝，活动带领者可以做统一的简单指导，并为学生提供制作风筝的介绍材料。
3. 活动中提醒学生认真细致地完成任务，不要让细节上的失误毁了创意的成功。
4. 活动带领者评价各组活动成果时，注意针对风筝的可飞行性、稳定性、创意性及学生团队合作、问题解决能力等方面进行点评。

活动回放

大部分同学都放过风筝,但几乎都没有自己做过风筝,大家听到要自己制作风筝时都十分兴奋。活动带领者先简单讲解了制作风筝的步骤和要点,并要求每个小组做出能够象征自己团队的风筝,为风筝起名字、确定风筝放飞的口号、写上每位组员的梦想等。讲解完毕后,同学们立刻开始行动。有的小组因自发产生了组长,并在组长的带领下,一切都显得有条不紊地进行着。但有的小组成员迟迟没有行动,因为谁都不知道该如何入手。另外,有的小组出现七嘴八舌的争论,其间因为沟通不畅、配合得不好,组员之间还产生了相互埋怨的行为。

经过30分钟的紧张制作,各组的风筝基本成型,在分享作品时,各组风筝纷纷亮相。有个小组做了一只"日月明"风筝,使用金色颜料和反光涂料进行设计绘制,寓意小组成员日日月月都努力冲向未来的光明,这个风筝做工比较细致、稳定性好。另外有个小组做了一只"笑上天"风筝,风筝形状似箭头,图案为"大笑脸",寓意小组成员乐观向上的共同特点,"笑上天"风筝横着的竹篾太粗,风筝重量偏重,且横着的竹篾不易弯曲,风筝的两面较难产生空气流速,可能无法为风筝提供升力,需要修改。

分享完各小组的创意后,活动带领者让同学们带着部分制作工具和制作好的风筝,一同到操场放飞风筝。操场上,"日月明"果然第一个飞起来了,小组同学激动地尖叫起来。随后"蝴蝶"风筝、"笑上天"风筝、"彩虹"风筝也陆续飞了起来。最后一组的同学十分焦急,他们的"爱飞翔"风筝存在较多的技术问题,但在外援同学的主动帮助下,风筝最终也飞向天空,操场上又是一阵欢呼。放飞成功的小组自行记录风筝飞翔的时间,15分钟后集体回到教室,进行分享交流。

在分享环节,学生们畅谈自己参与活动的感受和思考。活动带领者根据学生们的解决实际问题的能力、团队合作能力、团队创新意识等方面的表现进行总结点评。

参与者感悟

- 我原以为制作一只风筝会是比较简单的事,但没想到做起来真不容易。

当我们组确定了风筝的名字为"爱飞翔"后,大家开始提出很多风筝形状的方案。有人说做两个对称的翅膀,有人说做一只雄鹰,许多提议被一一否定,因为太简单的风筝造型大家不愿意做,独特的风筝造型好像都挺复杂。最后在放飞时,我们的风筝老是飞不起来,大家很沮丧。后来隔壁小组的王家岭主动帮我们找出风筝无法飞起来的原因,如尾巴太长、竹竿太粗、形状不够对称等。我们立刻进行修改,经过4次尝试,放飞终于成功了,太开心了。看来踏踏实实,仔仔细细,永不放弃是成功的重要因素。

- 我们小组的同学都特别积极能干,每个人的提议都很好,手工也做得很好,我基本上插不上话。不过我仔细地观察着制作风筝和放飞风筝的全过程,也学到了不少。最开心的就是,我帮助隔壁小组修改他们的风筝,最终放飞成功。通过参与和努力后取得的成功,给我带来了一份价值感、存在感,还有一份有能力助人的快乐。

专家点评

在放飞风筝的过程中,活动带领者应重点引导学生们大胆创造、细心观察、耐心倾听,树立问题总能解决的信念,以及打开解决问题的思路等。放飞风筝活动既能给学生带来身心的放松,还能寓意学生们放飞自己的梦想。

放飞风筝只是一个活动形式,活动带领者要在活动带领的过程中,引导学生思考、想象与创造。比如,在高三学生中开展放飞"风筝"活动,风筝的制作过程可能不是重点环节,而放飞梦想是特别需要引导的。在风筝上写上激励学生们追求自我梦想的口号,如"为了明天,努力起航。""只有今天的付出,才能收获明天的成就。""我在空中飞翔,俯瞰大地辉煌。"通过放风筝活动,让学生们感受一些正能量的鼓舞。学生们可能会遇到风筝放飞中的困难,但每个学生都表现的信心满满。最后,校长的出现,令学生们十分惊讶,校长说:"我代表学校和全体教师们,祝大家鲲鹏展翅,翱翔蓝天。"校长的美好的祝愿,赢得了学生们的一片掌声。

活动19　以歌会友

活动目的

1. 在活动中建立小组,提供彼此相识的机会,联络彼此的感情。
2. 在活动中增强小组成员的认同感和凝聚力。

活动准备

1. 活动场地以有电脑和音响的宽敞室内为宜,活动时间大约30分钟。
2. 提前下载《春暖花开》《宁夏》《恼人的秋风》《冬天里的一把火》四首歌曲的MTV,打印完整的歌词,并将每首歌曲的歌词裁剪成10—12句纸条。
3. 准备多媒体设备和电脑、音响,以及小乐器,如小鼓、摇铃等,用于各组演出时做道具。
4. 活动适合在初中生、高中生中进行。

活动过程

活动概述:活动开始前,活动带领者先布置好学生的活动区域。学生随意选取歌词的纸条,找到组员,组成小组,互相进行介绍,然后选出组长,制定口号,并在组长的指挥下策划本组的歌曲表演,最后进行小组歌曲汇演。

活动步骤:

1. 每个学生随机选取一张带有歌词的纸条。
2. 学生拿到歌词后,大声唱出自己的歌曲段落,寻找演唱同一首歌的人。
3. 唱着同一首歌曲的人就是有缘人,组成一个小组。
4. 将教室划分为5个区域,作为各小组的活动区域,留出一块比较宽敞的区域作为演出舞台。
5. 小组成员先相互介绍,彼此认识后,再选出组长,确定本组的组名和口号。
6. 各组有15分钟的时间用于讨论和排练,最后请组长介绍本组的组名和口号,并以独特的方式来演唱或演绎本组的歌曲。
7. 活动带领者总结点评。

❋ **问题讨论**

✦ 你对随机拿到的歌曲熟悉吗?喜欢这首歌曲吗?
✦ 与同组同学交流后,你有怎样的收获?
✦ 在小组的歌曲汇演中,你的体验是什么?
✦ 本活动给你最大的收获是什么?

带领者提示

1. 在裁剪歌词时一定要根据人数来定,如果人数为40个人,可以从4首歌曲中选取具有代表性的10句歌词,打印后将每一句歌词裁成一张纸条;如果歌词裁的有多有少,则分组时会出现4个组的学生人数不均等的现象,不利于后面活动的开展。

2. 学生必须一边唱一边找与自己是同一首歌的人,不可说出歌名。建议在活动开始时滚动播放4首歌曲的MTV,让学生熟悉歌曲和歌词。

3. 活动带领者要关注部分性格内向、不擅长唱歌的学生,对少部分因为对歌曲陌生而无法找到组员的学生给予帮助,也可以让已经组成小组的同学主动来寻找剩余的组员。

 活动回放

活动带领者将打印歌词的纸条放在一个精致的小筐内,请学生随机选取纸条。学生拿到纸条后就开始哼唱起来,随着歌声,不少同学自然地走到一起成为组员。本来预想学生可能一时找不到自己的小组,但在实际的活动中学生们很快就找到了自己所在的小组,而且大家十分喜欢以歌演唱曲的方式,寻找有缘人。

组成小组以后,同学们很快就进行自我介绍,气氛比较热烈。以唱歌寻找有缘人,打破了彼此的陌生感,这个环节又让大家多了一份亲切感。在彼此介绍之后,小组内开始选组长,有的组组员自告奋勇,举手说自己愿意担任组长;有的组采取集体推选的方式,确定组长。

接下来,在组长的带领下,组员们开始讨论自己组的名称和口号,这个环节大家非常投入。经过几轮讨论,各小组的名称都定了下来。有的组是结合本组人员的特点来确定;有的组根据组员的共同爱好来确定,也有的组根据小组的歌曲来确定。在活动中,大家求同存异,增加了小组的凝聚力。

本活动基本的设计思路是以春、夏、秋、冬四季的代表歌曲来分组,歌曲分别是梁静茹的《宁夏》、那英的《春暖花开》、费翔的《恼人的秋风》、费翔的《冬天里的一把火》,四个组的学生排练好后进行集体汇演。

参与者感悟

- 音乐需要用心去聆听,它不分国界,不分时间,不分年龄。我平时比较喜欢听音乐,参加这个心理活动,我感触比较深的是,听音乐可以让人身心愉悦,音乐也可以让我们找到兴趣相同的朋友。在歌曲汇演中,我们小组的成员都非常投入地表演,带来了无限的轻松与快乐。

- 在我们的生活中,音乐无处不在,它可以让我们快乐,也可以让生活更加美好!心理活动中的学习形式丰富多样,如在汇演中,有人做主角,有人做配角,但一首歌曲让我们聚合在一起。刚开始大家觉得演绎《春暖花开》有点困难,但是当我们小组听完那英的演唱,都喜欢上了这首歌。经过排练,我们决定用歌舞结合的形式来表演这首歌,组长分工后,跳舞的同学排练舞蹈,唱歌的同学练习歌曲,最后将两个部分整合在一起,演出的题目是"我们的世界,春暖花开"。最后,在小组成员的配合下,我们的演出迎来了同学们热烈的掌声,我们每个人都感到特别开心。

专家点评

这个心理活动学生一定会非常喜欢,从开始选取歌词环节,到最后的学生歌曲汇演都非常有趣,学生也特别的投入,连平时不愿意参加集体活动的一些学生也积极参与了,可见演出的时候非常出彩。我们可以看到音乐与活动结合的魅力,只要学生喜欢,那么对于提升学生的凝聚力就很有效果。

其实,心理活动最重要的意义在于让学生们在活动中得到体验与感悟,汇演的目的是让学生能更好地展示自我,而不是为了评出第一名。学生在歌曲汇演结束后纷纷表达了自己的感受,分享了自己的真情实感,这是特别好的。运用这个心理活动的老师需要了解一些音乐疗法的知识,音乐疗法(music therapy)指的是运用音乐的艺术手段所进行的心理的、生理的和社会活动治疗,同时也是一种康复、保健、教育的活动。

经过大量的实验研究证明,音乐疗法的治疗原理是主导音乐活动的大脑右半球的功能,许多情绪和行为一般都在右半球的控制之下。音乐的特点在于对右半球有着直接而明显的影响,音乐的交流或传递作用能沟通人的内心世界,使情绪或行为得到调节。当音乐振动与人体内的生理振动(心率、心律、呼吸、血压、脉搏等)相吻合时,就会产生生理共振、共鸣。其是"中医音乐疗法"的现代医学理论基础。

团体心理辅导作为一种重要的心理辅导方式,是在团体的情境下进行,并且通过团体内人际交互的作用,促使个体在交往中观察、学习、体验,认识自我、探索自我、调整改善与他人的关系,学习新的态度与行为方式,以促进良好的适应与发展。而音乐团队辅导训练就是运用团体心理辅导和音乐结合所形成的课程。音乐团队训练辅导的优势:一是音乐团队训练辅导注重团体环境。真诚而又温暖的团体气氛,有助于良好人际关系的建立,在接纳和帮助中建立安全感。二是强调人际互动,促进相互了解,取长补短。三是注重亲身体验和探索。

音乐的情绪性来源于人类,而当人类的丰富情感再反作用于人类时,就很

容易引发我们共鸣,让我们愿意抒发自己的情感,让我们参与的成员内心联系起来,这就是音乐团体辅导训练的动力和优势。

　　人际社会性是音乐产生的基础,这一点非常切合团体辅导的人际互动理论,有助于成员在音乐活动中协作沟通,勇敢地表达自己,接纳他人。这个心理活动能够得到参与者喜欢的原因就在于此。

活动20　团体拍手

活动目标

1. 在活动中训练学生的倾听能力。
2. 在活动中培养学生合作共赢的意识。

活动准备

1. 活动场地以室内为宜,时间在20分钟左右。
2. 活动适合在初中生、高中生中进行。

活动过程

活动概述：活动带领者带领3个小组。首先,第一组拍手,达到整齐的节奏后,第二、三组依次加入,最后可以听到3个小组轮流发出的拍手声。

活动步骤：

1. 活动带领者将全班学生(以一个班级40人为例)分成3组,每组13人,多出的1人可以作为观察者。所有学生在活动过程中都必须闭上眼睛。

2. 从第一组开始，第一组学生开始拍手，通过倾听使拍手的节奏逐步达到一致。

3. 第一组的拍手节奏保持一致后，第二组学生开始拍手，必须在第一组两次拍手之间拍两下，直到第二组的拍手节奏一致。

4. 第二组的拍手节奏保持一致后，第三组学员开始拍手，必须在第二组两次拍手之间拍4下，直到第三组的拍手节奏一致。

❋ **问题讨论**

✦ 如果想让所有的拍手节奏保持一致，每个人需要做哪些努力？
✦ 在活动过程中，你遇到了什么困难？如何克服的？
✦ 要想活动成功，团队需要具备什么条件？
✦ 在这个活动中，个人与小组成员之间、组与组之间应该是一种怎样的关系？
✦ 在这个活动中，学生没有"眼睛"，仅仅依靠听力来保持拍手的一致性，从中你感悟到了什么？

带领者提示

1. 该活动适合40人左右的团队，如果人数太多，则无法顺利开展活动，也难以达到体验的效果。建议根据全班人数，将学生分成体验者和观察者，分组时确保每组的人数在12—14人。一轮结束后，参与者和观察者可以互换角色再体验。

2. 活动带领者在活动过程中的点拨很重要。如果每个组只关注自己的节奏，不给其他小组留有拍手的时间，那么最后就无法听到全场有节奏的拍手声。

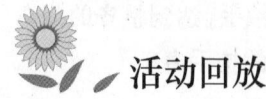 **活动回放**

在没有宣布活动规则前，活动带领者挑选出一名观察者，请学生根据自愿原则，按照每组13人的要求自由组合。然后，随机形成三个组。

当活动带领者宣布活动规则后，第一组同学比较兴奋，因为他们认为，自己这一组的任务是最简单的。而第二、第三组同学却认为自己组的任务有些难度。

按照活动规则，我们从第一组开始，全体学生闭上眼睛，开始集体拍手，没想到大家一拍手，声音竟然是七零八落的，一会儿你快，一会儿我慢，尝试了几次之后，第二、第三组的同学也忍不住笑了起来。第一组的同学看上去有些沮丧，原来认为捡了个大便宜，没想到一上来就被难住了。"看来我们要统一一下拍手的节奏，像1—2—1—2这样，还有大家在拍手的时候，一定要听听自己小组伙伴的节奏，慢的人要调节得快些，快得人要调节得慢一些。我们再来试试！"小孙同学跟组内的小伙伴说道。大家也认为他讲得十分有道理，于是第一组的同学又开始尝试起来。经过几次练习后，拍手的节奏慢慢地变得整齐。接着，活动带领者在一旁提醒第二组的同学，准备闭眼，你们可以加入了。

第二组同学蓄势待发，开始准备加入，因为有了之前第一组同学合作拍手的经验，第二组同学在拍手较为整齐。可是又有新的问题让他们有些为难，当第二组的同学整齐地拍着第二下时，第一组的同学总是会过于着急地按照他们原有的节奏拍手，几次下来，问题没有得到有效解决。这时第三组的小于同学着急地说道："第二组加入后，第一组拍两下的节奏就乱了，等一会我们第三组加入后，还要拍四下，那可怎么办？"这时，活动带领者在一旁说道："看来你们现在已经不再把各自作为独立的小组来看待了，而是把3个组当成一个团队来看待！"话还没说完，第一组的小欢同学说："我们第一组的同学可以把两次拍手之间的时间隔得长一些，这样就能保证第二组、第三组同学有足够的时间加入。"在小欢同学的提议下，3个小组的同学们开始进行尝试。

当第一组同学两次拍手的时间间隔变长后，其他小组成员的拍手节奏就能够很好地保持一致性，他们经受住了这次挑战。

参与者感悟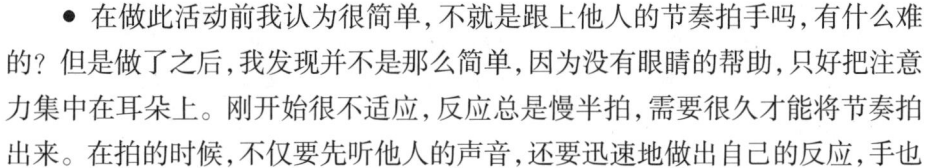

- 在做此活动前我认为很简单，不就是跟上他人的节奏拍手吗，有什么难的？但是做了之后，我发现并不是那么简单，因为没有眼睛的帮助，只好把注意力集中在耳朵上。刚开始很不适应，反应总是慢半拍，需要很久才能将节奏拍出来。在拍的时候，不仅要先听他人的声音，还要迅速地做出自己的反应，手也要动起来,不然整个组就乱了。所以,进行团队活动时要多为他人着想,不要以自我为中心,要知道团队不是由一个人组成的。

- 活动中最具挑战的是,第二组要在第一组拍手两次的间隔中拍两下,第三组要在第二组拍手两次的间隔中拍四下,这就意味着第一组的拍手时间间隔要很长,以便使第三组能够有时间拍完四下。可是新的麻烦又有了,时间间隔越长,保持节奏的一致性就越难,但是为了其他小组,第一组自觉地放慢了速度,给其他组创造条件。我们在分工合作时,为了达到目标,就得有人做出"牺牲"。虽然在合作的过程中有人可能利益受损,但当完成任务后,我发现所获得的利益比失去的要多得多。所以,合作可以实现双赢。

专家点评

该活动主要从训练学生倾听和团队双赢的角度开展,活动既考验学生的倾听能力,同时需要学生之间的密切合作。在第一组、第二组、第三组同学不断加入的过程中,团队中的每一个队员决定着小组的拍手能否整齐,而小组之间的默契配合决定了班级这个大家庭能否奏出美妙的旋律。

这个活动看似简单,但在整个推进的过程中,难度不小。如果想要成功我们就必须要有为了"大"家,而使"小"家吃一些亏的气量。

活动21 人体传输机

活动目的

1. 让学生在活动中体验人际之间团结和信任的力量。
2. 让学生学会勇于挑战"不可能"。

活动准备

1. 活动场地以室外为宜,活动时间大约30分钟。
2. 活动适合在初中生中进行。

活动过程

活动概述： 学生组成"人体输送机"，将一名学生从头部传到尾部。结束后进行交流、分享。活动带领者做总结点评。

活动步骤：

1. 全班学生每两个人用手臂组成一个十字花状（图2-1）。

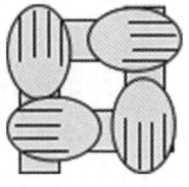

图2-1 十字花状

2. 每组紧挨着站成链状，用手臂组成"人体输送机"（图2-2）。

图2-2

3. 请一名学生脱鞋后，头朝前进的方向躺在"人体输送机"上，身体绷直，头不要抬高。
4. 大家一起用力将被传输者一点一点地从队伍的头部"输送"到尾部。
5. 可以请更多的同学自愿报名，体验传输者的角色。
6. 请"人体输送机"的组成人员和被传输人员分享自己的感受。

❋ 问题讨论

✦ 作为被传输的同学，当你躺在"人体输送机"上时，最担心的是什么？
✦ 作为"人体输送机"的组成人员，你在传输同学时，遇到了什么困难，如何解决？
✦ 通过本活动，你有怎样的感悟？

带领者提示

1. 本活动要特别组织几个既有力气又比较负责的学生专门负责安全。传输结束时，特别要注意保护好被传输者的头部，确保其安全落地，并将鞋子送到队尾。
2. 本次活动要求大家事前充分讨论，确保被传输者安全之后再展开行动。
3. 活动带领者必须强调全体参与者态度要认真、切不可恶作剧，或中途松手，以免引发安全事故。

活动回放

第一轮活动中，大家建议王强同学担任被"传输者"，因为他是班级里体重最轻的人，他欣然同意。当他脱掉鞋子，躺在同学们组成的"人体输送机"上时，他有点紧张了，双手护着头，身体向上弯曲，导致传输出现困难。在活动带领者的鼓励下，他进一步规范动作，尽量使身体绷直形成一条直线。后半段王强慢慢地放松了，没那么紧张了，很快在"人体输送机"上被传输起来。在大家的加油声中，传递越来越快，他被顺利地送至尾部。当他从"人体输送机"上安全地回到地面时，一脸的兴奋和激动，连声说："感谢大家。"

第一轮的经验增加了同学们的信心，第二轮大家要进行一次极限挑战，这次选择的是班级里个子高，体重也比较重的高锋同学，同学们跃跃欲试。当高锋躺在"人体输送机"上时，负责传送的同学立马感受到了压力，所有人都高度集中精神，没有一丝马虎，竭尽全力地传递着高锋同学。大家一边加油鼓劲，一边向前传递，虽然高锋人高马大，但他躺在上面显得非常放松，就像一块沉重的木板一样，因为他动作规范，并且非常信任同学们，减少了活动的难度。在"人体传输机"边上负责保护的同学也很给力，他们在力气小的同学处给予大力的支撑，就这样高锋被顺利地从头传到了尾部。大家感到非常意外是，竟然十分顺利地完成了这次高难度的任务。与此同时，大家发现被别人信任是一件幸福的事情，更激发了各自的责任感。

参与者感悟

- 我有幸在第一轮中就体验了被传输的角色。开始的时候我非常紧张，担心万一有人松手，我从上面掉下来怎么办？能够会摔伤的，我觉得自己四肢僵硬，非常想坐起来，同时我感到组成"人体输送机"的同学也很紧张。后来活动带领者对我说："不要紧张，我就在身边保护你，你只要将身体挺直，相信我们就可以了。"看到活动带领者确实在我身边，于是我的紧张心情得到缓解，慢慢地调整到放松状态。当我真的把自己交给同学后，我感觉被传递是一种享受，而且越传越快，原来信任别人是一种很美的享受。
- 我是"人体输送机"旁边的保护者，这项任务看似很轻松，只要团队中

的人顺利完成，我在旁边看看就可以了。事实上，我在活动过程中的责任重大。"人体输送机"上的同学个子有高有矮，体重有轻有重，我要及时发现其中的不安全隐患，帮忙调整，为躺在"人体输送机"上的同学提供更多的安全感。在我们的齐心协力下，看似不可能完成的任务，竟顺利的完成了。我最大的感触就是当你真的放松后，信任大家了，自己也会变得轻松，在人际交往中我们要学会放松自己，相信他人，就一定会有意想不到的收获。

专家点评

在整个活动过程中，活动带领者应该仔细观察和引导学生，使他们在活动中体验，并感受到信任和被信任，让学生全身心地投入到活动中。

在活动过程中，我仔细观察担任"人体输送机"的同学和躺在上面被传输的同学在活动中的反应，有的同学人际信任度较差，身体较僵硬，动作不标准，给活动带来困难。有的同学人际信任度很高，躺在"人体输送机"上双眼一闭，身体挺直，十分放松，这样反而更安全。这个活动还有一个非常好的地方，就是担任"人体输送机"角色的学生体验到了被人信任的感觉，当看到被传送的同学安全了，每个人的脸上都露出如释重负的微笑，人与人之间的信任在活动中建立起来了。

如果时间允许，我觉得最好让每个同学都体验"传输者"和"被传输者"这两种角色。因为角色互换的体验，更有说服力。在活动中，让个子小、体重轻的同学做"被传输"比较简单，对双方都没有太大的压力。但反过来，让人高马大的同学做"被传输者"，则双方都都会有压力，但压力也能带来动力，"被传输者"只有信任对方才可能放松，"传输者"要更有信心才能完成任务。制造心理冲突，体验心理矛盾，解决心理困惑、体验心理突破后的感受，这些都是能够给人带来快乐的。

人际信任是个体或群体承认另一个人的言辞、承诺、口头或书面的陈述为一种可靠的、概化的期望。人际信任作为一种复杂的心理现象、社会现象，出现于各项活动中，所以其影响因素非常广泛。人格特点、社会文化、交往经验、道德水平、风险知觉等因素都会影响人际信任。除了上述因素之外，价值观、经济、身心状况、社会相似性、任务情境、社会信任制度、中介信息传媒等因素也会影响人际信任。信任违背与信任修复人际信任产生于人际的互动中，是一个动态的过程,会随着时间而变化。有研究表明,信任至少包括三个阶段:形成、消解和修复。另外有研究发现,负面情绪、不公平感、负面事件以及心理契约的违背都会影响信任违背。信任违背一旦发生,人际信任就会面临消解,个体会降低对他人的信任。信任违背或信任受损对个人、组织、群体和社会的影响很大,严重时可发生社会信任危机。

 活动22 硕果累累

 **活动目的**

1. 培养互相信任,齐心协力共同完成任务的能力。
2. 培养学生能够换位思考,以及用清晰的指令共同完成任务的能力。

 **活动准备**

1. 活动适合在室外进行,时间大约40分钟。
2. 根据小组数,准备若干眼罩。
3. 准备障碍物(可以用装满水的矿泉水瓶代替)8个,每组4个、果篮1个,彩色小球100个左右。
4. 活动适合在小学高年级、初中生中进行。

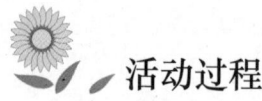 **活动过程**

活动概述:班级学生两人为一组,自由协商,选择所扮演的角色。一人戴眼罩,扮演盲人,另一人扮演向导。在向导的帮助下,盲人从起点开始,绕过路

途中的障碍物,拿到1个彩球,并再次顺利通过障碍物,携带彩球返回起点,依次类推。看哪一组能在最短的时间内取回彩球。比赛结束后,班级分享所得果实。

活动步骤:

1. 以班级人数40为例,将班级学生平均分为两大组。要求两人为一个小组,自由组合。两人协商选择所扮演的角色:盲人或向导。

2. 向导只能用语言提示,不能用手触碰盲人,否则按犯规处理,从头开始。

3. 盲人在行进过程中必须绕过障碍物,否则按犯规处理,所得彩球追回,从头开始。

4. 如在绕障碍物时将障碍物碰倒,则返回起点,从头开始。

5. 从起点开始,绕过路途中的障碍物,拿到1个彩球(1次只能拿1个彩球),并再次顺利通过障碍物,携带彩球返回起点,第二组才能出发,依此类推。

6. 眼罩必须遮住眼睛,不准在比赛过程中摘掉眼罩,否则从头开始。

7. 比赛结束后分享活动感悟,并共享果实。

❋ **问题讨论**

✦ 请盲人和向导分别谈谈在活动中的最大感受。
✦ 在活动中,盲人和向导遇到的最大困难是什么?你们又是怎样克服的?
✦ 想要在这个活动中取得胜利,你有哪些秘诀?
✦ 这些活动带给你的收获有哪些?

带领者提示

1. 活动前告知全体担任向导的同学,必须在活动过程中确保盲人安全的情况下,不用手去搀扶,如果有危险,可以用手去保护盲人,记住安全第一。

2. 如果遇到班级人数是单数的,可以邀请任课老师与学生一起参与活动。

3. 建议多准备一些彩球,以免不够。

 活动回放

　　活动一开始,同学们都觉得这个活动挺简单的。但当戴上眼罩后,突然发现眼前变得一片黑暗时,才体会到盲人的无助。在没有戴上眼罩前,有些同学努力记清路线,可是等到戴上眼罩后,前进的道路完全看不清了。虽然记不清道路,小刘还是大步的往前走,突然一脚踩在障碍物上,只能遗憾地返回到起点,重新开始。第二次作为向导的同伴发出了更加清晰的指令,而小刘也不再贪快,一步步小心翼翼地向前摸索着,虽然速度不快,但是顺利地拿回了一个彩球。

　　担任向导的小张,一开始还觉得自己扮演的角色挺简单的,可是实际情况却和她想象的不一样。由于高度紧张,小张说出来的口令有点混乱,有时甚至会语无伦次。一会儿向左,一会儿向右,让扮演盲人的同伴不知所措,同伴伸出左手往左边摸,拿到了彩球,一旁的王老师忍不住笑了,为什么呀?因为向导搞错了方向,盲人也跟着摸错了方向,竟然拿了旁边小组的彩球。最终彩球只能被追回。

　　活动中,男生组成的小组,无论对方向的感知能力,还是前进中的勇敢性,都比女生组成的小组要更胜一筹。看来男女在方向感和勇敢性方面还是有差别的。

参与者感悟

- 这个活动可能对于某些同学来说很简单,但对于我这个方向感比一般人要差很多的人来说,却不是一件容易的事。所以,当我的搭档倩倩一再说往左、往右的时候,我依然有一种摸不着头脑的感觉。回看别人帮我们拍的视频中,搭档甚至有几次都想过来扶我。最后,搭档只能说:举起右手、往右边走,举起左手、往左边走等。虽然,我们没有取得最后的胜利,但是活动结束后,同伴倩倩的鼓励还是让我感到很开心。而我也对她那么用心的指导表示感谢。

- 我从这个活动中收获了三点感悟。第一,我觉得队友之间要互相信任,才能更好地完成活动。当然默契的配合也是必需的。第二,在集体中,需要像向导一样的人时常陪伴在身边,当我们走偏时能够及时提醒我们,指引我们走

回正路。而老师,不正是这样的人吗?第三,做任何事不能意气用事,而是要亲身实践,才能有所收获。所谓"纸上得来终觉浅,绝知此事要躬行",恐怕就是这个道理吧!

专家点评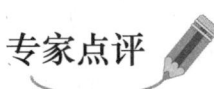

这是一个非常棒的团队活动,既考验了同学之间的信任感,也考验着同学之间互相合作的能力。

同学们在参与活动的过程中,无论是扮演盲人或是向导,都可以分享自己的参与感悟。盲人看不见,因此需要对向导有信任感;向导要引导盲人前行,因此必须能够站在对方的角度来考虑问题,指导语要求清晰,这些感悟是真实而有意义的。另外,活动带领者还可以从活动引申到班级这个大家庭的建设,例如,同伴的互助、信任和换位思考,以及鼓励、分享等,这些资源都是值得我们进一步挖掘和利用的。

 活动23　同舟共济

 **活动目的**

1. 培养学生敢于挑战的勇气。
2. 让学生在活动中学会团队合作。

 **活动准备**

1. 活动适合在室外的水域进行,时间大约30分钟。
2. 根据学生人数,为每6名学生准备一艘小船。
3. 根据学生人数准备相应数量的救生衣。
4. 活动适合在高中生中进行。

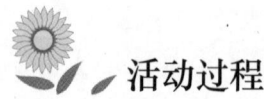 **活动过程**

活动概述:活动带领者让每位学生穿上事先发放的救生衣,要求每组同学在规定的起点出发,最快到达终点的小组获胜。

游戏步骤：

1. 学生之间自由搭配小组，每6人为一组并推选出一名组长，每组均要有男生和女生。小组之间进行竞赛，最快到达终点的小组取胜。
2. 小组讨论：如何才能获得划船比赛胜利？
3. 请获得划船比赛胜利的前三组同学分享感受和做法。
4. 请比赛中落后的学生交流没有取得成功的原因和困难。
5. 活动带领者总结本次活动的收获。

❊ **问题讨论**
✦ 你是怎样选择同船组员的？
✦ 组内成员是如何分工合作的？
✦ 如何才能让小船顺利达到终点？成功的经验是什么？失败的教训又是什么？
✦ 通过划船游戏，你对同舟共济有怎样的新理解？

带领者提示

1. 活动者在介绍活动的要求前，先要询问是否有恐惧水或者有身体不适的学生，可以让他们在岸边担当观察员，负责记录比赛过程。如果总人数不是6的倍数，可以继续询问有没有愿意当助手的学生，要保证每6人一条小船。
2. 确认了参赛的学生后，活动带领者要确保每位学生都穿上救生衣，并说明划船比赛的注意事项，让学生切记安全第一。
3. 活动中邀请一名救生员参与活动，可以有效应对突发事件。

在本次活动中，大部分同学参与的热情十分高涨。当活动带领者询问有没有十分恐惧水或者有身体不适的学生时，有一个女生提出想作为助手不参与比

赛,具体原因不便说明。接下来的学生人数刚好是6的倍数。在自由分组时,个别学生站在一边不知所措,不过很快就被其他同学拉入小组当中,大家分好小组并选出组长。接着活动带领者让每位参赛者穿好救生衣,强调安全事项和比赛要求。接下来,各组学生有序地走上排列在起点的小船。

在活动带领者发出"出发"的指令后,各组都奋力向终点划去。其中有三男三女的D组一马当先地冲在前面,他们组里的小贾和小陈看起来都比较有力气。而旁边四男二女的C组合被远远地落下,划到中间时还在原地打圈,后面慢慢地才调整好。A组虽然划的速度不快,不过非常平稳地划向终点,最终他们获得了第二名。船上的同学在努力地划着,岸上的助手们也在兴奋地呐喊加油。

等所有船只到达终点,同学们兴奋地上岸后,活动带领者组织学生分享感想,并且讨论分析获胜或失败的原因。

D组获得了第一名,有学生提到他们组的人都有划船的经验,并且在比赛前制定了口号,比赛过程中"一二一……"地喊着,使所有成员保持一样的节奏。同时,他们也承认D组的小贾和小陈的力气比较大,占有一定的优势,但成功的因素归根结底还是团队合作得好。

C组一开始在比赛中打转,组员们憋得脸都红了。听到D组分享的经验后,感叹自己事先没有指定口号,才造成现在这样的局面。而A组因为女生居多,所以划船的速度不快,但是他们跟D组一样,事先也定好了口号,一致行动,最终借助平稳的优势获得亚军。B组说他们也有事先定好口号,但是组里的人发力不一致,不是他快半拍就是他慢了半拍。所以,产生了力的抵消作用,最终未能取胜。

虽然比赛的结果有胜有负,但每个组的同学都非常投入地参与其中,同时也真正体会了"心往一处想,劲往一处使"的团队合作效应。

参与者感悟

● 比赛一开始我们太着急了,我负责在左边划,可不知道为什么船一直偏向右边,我稍稍划慢一点,船又停滞不前,所以就出现了船在原地打转的情况。之后我们听到前面组的同学在很大声地喊口号,张晓同学就组织我们统一动作,边喊口号边划,步调一致后效果就显现了。我原本以为划船就是个力气活,没想到还要注重跟队友的配合。如果不能跟队友的节奏保持同步,划得再用力也没用。就像生活中一样,如果我干什么事情都只顾着自己,不照顾别人的感受,最终就很难完成各种任务。

- 一开始刚到船上的时候,我发现大家都没有划船的经验,于是都不敢当舵手。这时小刚同学说了句"我们可是同一条船上的人啊!"我们这才意识到如果我们大家都不划,我们就走不了。于是,作为组长的我首先拿起了桨,马原同学也随后拿起了桨。由于我们没有经验,所以一开始都不敢划得很快,后来我们统一了动作,有节奏地向前划着。令人惊喜的是我们小组最后居然拿到了第二名,真是非常开心!我们组的速度虽然不是最快的,但我们"同舟共济",体验了"目标一致、行动一致"的团队力量。

- 其实我不会游泳,也没有划过船,有点怕水。不过作为男生不好意思说出来。于是我硬着头皮上了船,而且是跟5个女生一组,我就更没有退缩的机会了。我学着其他组的样子,组织组员喊口号,然后学着他们的样子向前划。虽然我们的速度不快,也没有取得名次,不过划船的过程还是十分开心的。看来只要有勇气,许多事情我都可以做到。

专家点评

"同舟共济"就是大家坐在一条船上,共同渡河。比喻团结互助,同心协力,战胜困难。活动带领者要引导学生们去关注他人的感受,确定自己在团队中的角色与责任。有不少学生,从小很少受到过磨炼和挫折,内心比较脆弱,但在"同舟共济"的划船活动中,他们表现得不错。虽然先前没有划船的经历,但在比赛中,他们表现出积极拼搏、勇往直前的精神。假如学校和家庭,能够给学生更多户外的锻炼机会,就能激发出他们的勇气和信心,培养他们更有自信地去面对生活中的困难与挫折。

"同舟共济"的活动,可以给学生很多思考,可以启发他们如何解决问题。比如"船为什么在水中打转转?""船在何种情况下前进的速度最快?""为什么说'逆水行舟,不进则退'?""假如要设计一条6人小船,你有怎样的动力学和美学方面的建议?"等等。建议活动带领者在引导学生交流分享时,除了对活动过程中成功还是失败方面的感悟外,还可以增加结合知识、联系生活、感悟人生方面的思考,让活动给学生带来更加丰富的感悟和提升。

 活动 24　悬钟摇摆

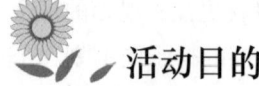 活动目的

1. 学生在心理活动中体验人际间的温暖和信任。
2. 培养学生之间的相互鼓励和支持，强化团队精神。

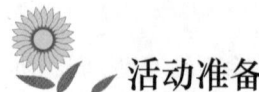 活动准备

1. 活动场地室内、室外都可以，活动时间大约20分钟。
2. 活动适合在初中生中进行。

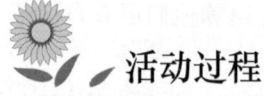 活动过程

活动概述：小组围成一个圆圈，选出一位同学双手抱拳放在胸前，闭着双眼站到圈中央，并随着圈外同学的动作前仰后合或者左右倾斜，像一个倒悬在地上的大钟，听凭同学的推动。

活动步骤：

1. 活动带领者将全班同学分成若干个10—12人小组。

2. 小组的同学紧凑地围成一圈，请1人两手抱拳放在胸前，闭眼站在圈中央。

3. 周围的人轻轻地将其向前或向后推，圈中央的人脚不许离地、腿不要弯、身体挺直，随众人的动作前仰后合或者左右倾斜，像一个倒悬在地的大钟，听凭他人的推动（图2-3）。

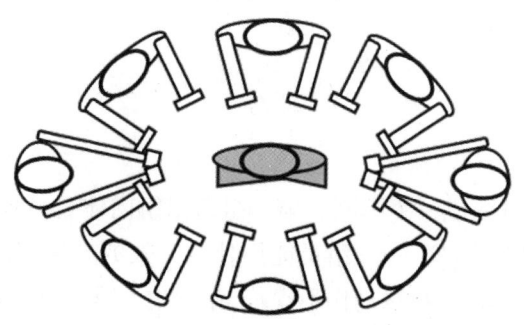

图2-3　悬钟摇摆

4. 每次1人站到圈中央，体验"悬钟"的角色，直至每位学生都体验了"悬钟"角色后，活动结束。

5. 请学生分享做"悬钟"和推动者时的不同感受。

6. 活动带领者总结点评此活动。

❊ **问题讨论**

✦ 当你站在圈中央完全倒向同学时，你的心理感受如何？

✦ 看到同伴倒向你，你是怎么想的？又是怎么做的？

✦ 通过游戏，你最大的收获是什么？

带领者提示

1. 因为男女生推动力的大小不同，为了保持推动力的平衡，建议小组成员围圈站立时，男女生间隔排列。

2. 活动带领者注意强调参与者要认真，切不可恶作剧式地中途突然松手，以免引起安全事故发生。

3. 活动带领者要高度关注学生的情绪,对不愿参与"悬钟"体验的学生,要尊重他们的选择、适度引导,不要强迫其参与。

活动回放

10人小组成员围成一个圆圈。第一组选出组内体重最轻的李翔同学站到人圈中央,他们想先体验一下,组员能用什么有效的方法,保障圈内同学的安全。一开始李翔很紧张,抱拳动作不规范,站得也不是很直,倒向同学的动作有点僵硬,圈外的同学齐心协力的扶住她,做得有点吃力。圈外的同学要求她严格遵守活动的规则,再来体验一次,脚绝对不能离开地,闭住眼睛,身体挺直,要完全相信大家,大胆地随着同伴的推动前后仰或者倾斜。这一次做得非常成功,其他学生也看到了活动的技巧,接下来的学生就可以比较大胆放松地继续活动了。

第二组的学生刚开始生活动时比较顺利,圈内同学的动作非常自然放松,圈外的同学也很顺利的推动同学前进。但是进行到中间时,忽然孙媛不愿意继续做活动了,她害怕摔倒。为了鼓励她,活动带领者给她做了示范,她看到活动带领者做得很安全,于是答应尝试一下,活动带领者也在旁边保护她,帮助她克服了恐惧心理。

第三组学生在活动中碰到了一些困难,魏斌属于比较胖的学生,而他们小组的同学中有3个个子小、力气小的同学,当他倒向3个小个子同学时,对方有点招架不住。但其他组员非常给力,在旁边辅助魏斌,最后有效地解决了困难,提高了小组的协作能力。

参与者感悟

● 我是一个缺乏安全感的人,在集体活动中一般都会退缩,参加这个悬钟活动,看到组员如此放松,享受着同学间的信任,我于是鼓励自己一定要尝试一下。在做的过程中,我开始十分紧张,在大家的鼓励下,我闭上眼睛,双手抱拳,排除杂念,什么都不想,任由同学们自由地推动,我感觉自己真的像一口钟,定在地上,可以自由旋转,没有不安全感,因为有一双双温暖的手向我传递着信任,这次活动让我懂得信任是多么重要。

- 我觉得在这个活动中最吸引我的是10个同学组成的团队,我们团队在活动之前做了一次很好的讨论,我们的关注点是如何保护"悬钟"体验者的安全,讨论后我们把这些方法进行了尝试,因为方法确定了,大家心里有底了,于是在后面的活动中同学们都非常投入。可见营造协作和安全的团队环境是多么重要,这是活动成功最重要的条件之一。

专家点评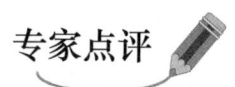

　　这是一个体验信任的活动,如果同学之间、师生之间、亲子之间缺乏信任,工作、交流、教学就会受到极大的影响。如何让学生体验信任和被信任,感受轻松与快乐,本活动提供了一个很好的机会。

　　一个优秀的集体,需要形成团结精神,这样班级的各项工作才能更好地开展。这个活动学生分成4个小组,活动的过程就是团结协作的过程,学生们积极投入,感悟分享十分深刻,他们都明白了一个道理:信任同学,才能得到同学的信任。

　　在这个活动中,最好是所有人都尝试做一次"悬钟"的体验,感受信任别人和被别人信任。在做的过程中学生能体验到刚开始的紧张和到后面的逐渐放松,参与其中的学生会逐渐建立起信任,最后分享这个活动的收获,只有亲自参与后才会有真情实感的体验。

　　该活动体现了团队精神,团队精神简单地说就是大局意识、协作精神和服务精神的集中体现。团队精神的基础是尊重个人的兴趣和成就。核心是协同合作,最高境界是全体成员的向心力、凝聚力,反映的是个体利益与整体利益的统一,并进而保证团队的高效率运转。团队精神的形成并不要求团队成员牺牲自我,与之相反,挥洒个性、表现特长能保证成员共同完成任务目标,而明确的协作意愿和协作方式则产生了真正的内在动力。另外,团队精神是组织文化的一部分,良好的管理可以通过合适的组织形态将每个人安排至合适的岗位,充分发挥集体的潜能。如果没有正确的管理文化,没有良好的从业心态和奉献精神,就不会有团队精神。学生从本次的心理活动中可以真正的体验到团队精神的魅力。

活动25　云梯爬行

活动目的

1. 建立对团队队员的信任,感受这种信任带来的个人突破。
2. 体验由团队成员齐心协力,顺利完成任务所带来的快乐。

活动准备

1. 活动适合在室外空旷的场地进行,时间需要20—30分钟。
2. 准备18根长约150厘米,直径约5厘米,表面光滑的木棍,准备一只秒表、两对护膝。
3. 在10米的活动距离中放置软垫。
4. 活动适合在高中生中进行。

活动过程

活动概述：组成19人的团队,其中18人两两组成搭档,面对面站好,每对搭档手持一根木棒,形成一架9根木棍组成的水平云梯,组内另有一个人爬云梯。在10米的活动距离中,最先到达终点的小组获胜。

活动步骤:

1. 以一个班级40人为例。活动带领者将全班分两大组,每组19人,剩余两人做裁判。

2. 要求每组成员,两人组成搭档,面对面站好,给每对搭档提供一根木棒,每对搭档拿着木棒放在胸前,组成一架由9根木棍组成的水平云梯,组内另有一个人爬云梯。

3. 活动的距离为10米,等爬梯者通过后,前端的搭档迅速跑到末端站好,来延长云梯。

4. 在活动过程中,要保证云梯上的队员不跌落在垫子上,如果有跌落在垫子上的情况,需要重新回到起点再开始。

5. 分两组同时进行比赛,所花时间最短的小组获胜。

6. 学生进行活动分享,活动带领者总结本次活动。

❄ **问题讨论**

✦ 你们小组是如何确定在云梯上爬行的队员的?请在云梯上爬行的队员分享自己的活动感悟。

✦ 在参与活动的过程中,你感到最大的困难是什么?又是如何克服的?

✦ 在这个活动中能够获得成功的关键因素是什么?

带领者提示

1. 活动带领者一定要指导在云梯上爬行的学生戴好护膝,做好安全工作。

2. 活动前,在10米的活动距离中要铺好软垫,做好安全防范工作。

3. 提醒学生在手拿木棍跑动的过程中,要注意安全,防止木棍打到周围的同学。

4. 不允许学生把木棒举到比肩膀还高的位置上。

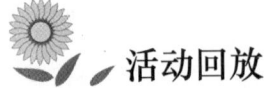 活动回放

　　活动带领者宣布活动规则后,两个小组的成员就开始聚在一起,商讨分配任务。由谁登上这座云梯呢？大家认为应该选择体重较轻、灵活性强的小高同学,没想到的是,小高竟然有恐高症,大家只好作罢,另选他人。这时,文辉自告奋勇要求当登云梯之人,大家也被他的勇敢打动,于是登梯人选就确定好了。

　　接下来,组员两两配对,很快队伍成形,大家开始尝试起来。文辉爬上云梯后,开始缓慢前行,伙伴们也开始寻找各种方法,试图加快游戏的速度。一开始,组员彼此之间的间距太大,差点导致云梯上的同伴跌落在垫子上,后来大家找到了快速前进的窍门,让云梯的间隔变得适中。比赛正式开始,两队不相上下,云梯上的同学忍住膝盖的疼痛,全速前进,组成云梯的同学配合默契。两个小组难分上下,最后几乎同时到达了终点。

参与者感悟

● 我自愿作为云梯上的爬行者,想体验一下爬行的感觉。真的爬上去之后,我发现原来并没有自己想象中的那样容易。在前进的过程中,还是遇到了一些困难。第一,尽管有护膝作为保护,但是由于爬行的距离是10米,膝盖仍然会感到有些疼,我想这个过程也是在考验我的意志力。为了集体的荣誉,我还是坚持了下来。第二,在前进的过程中,大家都十分渴望胜利,所以队友们都争分夺秒,想以最快的速度到达终点。因此,一开始大家在抬云梯的时候就考虑到稳固性,我感觉差点掉到软垫上,好在后来队友们意识到了这点,进行了调整,最终我平安到达终点。

● 这个活动需要每个队员的配合,作为18名云梯队员中的一员,我和我的搭档配合默契。在活动之前,我们就商量好两个人该如何配合,我们约定等爬行的队友经过后,对方先松手,我负责木棍往前跑,继续接上以延长云梯。因为有了提前的商定,我们在参与游戏时非常顺利,最终全体队员齐心协力,我们小队获得了胜利。

专家点评

在活动过程中,长时间举着木棍会很累,但同学们却依旧坚持着,紧紧地将木棍抓牢,不让组员在中途掉落。因为大家十分清楚,如果有一个同学中途不慎失手的话,就会使整个小组失败。更重要的是,一旦云梯上的同伴掉下来,会引起大家的紧张。虽然下面有垫子进行安全保护,但是团队辛苦建立起来的信任感将很难恢复。因此这是一个用来建立信任,考验大家意志力和智慧的活动。通过该活动也能凝聚班级人心,加强同伴间的合作能力。

如果有时间的话,可以让参与活动的每个学生都登上云梯,体验一回在云梯上爬行的感觉,感受彼此的信任、合作的愉悦。同时,通过体验不同的角色,可以让大家感受到在团体合作的活动中,每个岗位都很重要,需要大家付出一番心血。由个人推及班级,只有把自己做好了,班级才会变得更加优秀。

活动 26　寻找朋友

活动目的

1. 让同学们认识彼此,共同踏出熟悉的第一步。
2. 让学生体验主动交往,热情交往的快乐。

活动准备

1. 活动场地以室内为宜,活动时间大约20分钟。
2. 准备将4个桌子拼成一组,教室布置成U字型。
3. 根据学生人数准备若干A4纸。
4. 活动适合在初中生、高中生中进行。

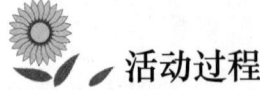

活动过程

活动概述:所有参与活动的学生围成一个大圈,面对圈内不熟悉的同学,当活动带领者发出口令:"Sisters and brothers Lock"时,各位学生马上在圈内寻找一位同学作为关注对象,如果这位同学正好也在关注他,则两人双手击掌并喊出"你好",然后两位同学离开中心大圈,自我介绍并互相交流。所有参与者都找到交流的伙伴后,这一轮活动结束。经过几轮寻找和交流,认识更多的同学。

活动步骤:

1. 所有参加活动的学生围成一个大圆圈。

2. 先让学生熟悉活动带领者发出的指令,首先大家练习:"Sisters and brothers Look up"(所有学生向上看),再指示"Sisters and brothers Look down"(所有学生向下看),再下令"Sisters and brothers Lock"(各位学生将自己目光锁定在团体中的某一位伙伴身上)。当所有成员都熟悉口令后开始分组。

3. 活动带领者随机喊出三句口令,喊到"Sisters and brothers Lock"口令后,同学中如果出现两人同时关注对方时,两人双手对拍并大喊一声"你好",接着两人一起离开大圈,到一旁进行交谈,彼此认识。

4. 活动进行至所有成员都配对后,第一轮分组完毕。

5. 在此基础上重复上述步骤,进行第二轮活动,鼓励学生与新的同学结对交流。

6. 请同学分享活动感受,活动带领者做总结点评。

❋ **问题讨论**

✦ 在活动过程中,你是否主要关注已经认识的朋友?

✦ 当找到被关注人时,你的心情如何?如一直都未被关注你的感受如何?

✦ 你愿意去尝试认识新的朋友吗?

✦ 这个活动给你带来怎样的收获?

带领者提示

1. 在彼此关注中,异性同学之间常常会因不好意思而互相躲避,活动带领者应该给予积极引导,鼓励大家彼此关注。

2. 出现一直未被关注的学生时,活动带领者应该鼓励其他同伴对其给予关注,不要让这些学生出现被冷落的尴尬。

3. 在活动过程中,可以播放背景音乐,使场上气氛热烈而轻松。

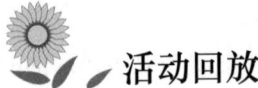

活动回放

在活动中,活动带领者发出"Sisters and brothers Look up"和"Sisters and brothers Look down"两个指令发出后,参与活动的学生必须整齐划一的向上、向下看。当发出"Sisters and brothers Lock"指令时,部分热情开朗的学生,马上就在团队中寻找并锁定想要沟通交流的对象,当两人四目相对时,双手击掌并大喊一声"你好",接着就一同离开中央大圈到一旁安静处交谈,认识彼此。这个环节类似寻找有缘人,学生会很开心。

随着活动带领者一次次的发出指令,中央大圈里的同学渐渐减少,圈外交流的同学越来越多。他们交流的话题也越来越丰富。包括各自喜欢的游戏、喜欢的学科等,打破了彼此的陌生感。

第二轮活动继续重复第一轮的指令,换新的同学进行交流,学生始终保持一种新鲜感,直到与所有同学都进行了交流。但在活动进行中也会遇到一些困难,如有的学生比较内向,在活动中很被动,不愿意和别人交流,有的学生一个人找个地方独自待着,看别的同学交流。这些学生其实并不是不想交流,只是由于内向、胆小、自卑等原因,造成上述尴尬的局面。活动带领者此时要鼓励性格开朗,待人热情的同学,主动者去接近他们,与他们做朋友。

在最后的活动分享环节中,有学生发现了一个有趣的现象:与新朋友交谈比较多的话题常常是兴趣爱好,还有诸如什么学校毕业的、对中学生活有什么向往等,对于家庭情况、学习成绩如何等比较敏感的话题,大家都避免涉及。

参与者感悟

- 参加这个活动,我觉得收获很大。刚刚进入新的集体,大家彼此都很陌生,这样的活动让我一下子认识了很多朋友,真的很好。其实与新朋友聊天也是很开心的。这样的活动一方面可以找到志趣相投的伙伴;另一方面也能够锻炼自己的交际能力。但我也看到，有些同学在与陌生人交流时比较拘谨，其实只要抱着与大家做朋友的心态，尴尬很快就可以消除。

- 我是一个很没有安全感的人，经常独来独往，没什么朋友。在这个活动中有3个同学主动与我交流，这让我很感动，而且我和其中的一个同学住在同一个小区，我们已经说好了，放学可以一起回家，有什么困难互相帮助，交到新朋友我十分开心。

专家点评

这个活动比较简单，就是创设机会，营造氛围，让学生主动接触，相互交流。所以，用怎样的指令并不重要，重要的是鼓励学生以宽广的胸怀，热情的态度，积极地与同学建立关系。参与这个活动时大部分同学都很投入，能够根据指令快速地找到交流对象。只是少部分同学没能及时找到交流对象。有个问题要注意，男生、女生的人数最好都成双，这样可以避免有人因落单而尴尬。

在这个活动中，我觉得指令不一定要用英文，可以用一些幽默、轻松的词句，效果没准会更好。这个活动适合新集体中新同学的初次见面，也可以用于学校夏令营活动的"相见欢"环节。

在人际交往中，不仅需要拥有一颗真诚的心，还需要有沟通的技巧来让别人感受到你的真诚。你想让别人如何对待你，就必须先试着这样去对待别人。有时候一句温暖的话、一个善意的眼神，都会为你的形象加分。友谊需要用心去呵护、浇灌。随时带着尊重他人的心，并学习用合适的方式来表达自己的感受、促进彼此的了解，能帮助我们拥有健康而又良好的人际关系。沟通包括"听"和"说"两个方面，认真倾听既是表达尊重的方式，也是了解对方的途径；而清楚地"说"则可以更好地表达我们的想法和感受，从而得到最宝贵的理解。

 活动27　信任的人

 活动目的

1. 在"找人"活动中介绍自己、了解他人,学会主动交往。
2. 通过活动了解自己在他人心目中的位置,对自己的人际交往状态有明确的认识。

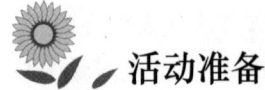 活动准备

1. 活动适合在室内进行,时间需要20—30分钟。
2. 活动适合在初中生中进行。

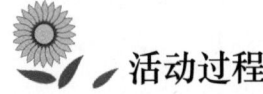 活动过程

活动概述：根据活动带领者提出的问题,全体同学通过用眼睛观察和用心感觉去寻找自己信任的人,找到后双方进行交流。交流时一方面要主动介绍自己并说出选中对方的理由;另一方面要认真倾听对方介绍自己,体会当时的感受。在一次次的寻找与交流中,了解自己、关注他人,学会主动交往。

活动步骤：

1. 活动带领者组织学生站成一个圈，要求不说话，用眼睛环顾四周的每一位同学。

2. 活动带领者提出第一个问题："今天我休息一天，想找一个玩伴。在这里你最想找谁？"

3. 每个学生用眼睛和心去寻找，找到"信任的人"后，走到他或她的旁边，用一只手搭在他或她的肩上（可以出现多个人的手搭在一个人身上的情况），每个人都找到一位"信任的人"。

4. 找到"信任的人"后，向对方介绍自己的名字和性格，以及信任对方的理由。然后反过来，被选中的人介绍自己的名字和性格，谈谈此刻的心情。

5. 活动带领者提出第二个问题："马上就要期中考试了，你在学习上遇到困难，最可能找谁寻求帮助？"重复步骤3和步骤4。

6. 活动带领者提出第三个问题："今天我遇到了伤心事，例如与父母或同学吵架了，情绪低落。想找一个倾诉的人，你最想找谁？"重复步骤3和步骤4。

7. 活动带领者提出第四个问题："刚才在体育课上，我与其他班的同学发生冲突，被人欺负了，心里有些委屈，要找个帮我出头的人。你最想找谁？"重复步骤3和步骤4。

8. 最后由活动带领者组织，进行活动后的分享。

❋ **问题讨论**

✦ 你是按照什么标准去寻找自己"信任的人"的？
✦ 你被他人确定为"信任的人"时心情如何？
✦ 你觉得主动交往和被动倾听有何不同？
✦ 在找人活动中，你被多少人确定为"信任的人"？

带领者提示

1. 活动带领者要关注部分特殊个体，如不主动参与活动或者没有被搭到肩膀

的学生。在活动中要给予适度的引导,让他们感受到主动交往和被人关注的愉悦。

2. 在活动过程中,有些学生十分受人欢迎,被许多人选为"信任的人",在交流时,可能会出现与多人交谈的热闹场面,活动带领者需要有效引导和适度控制,可以请这样的学生在全班做重点交流。

 活动回放

全体同学围成一个大圈,活动带领者宣布活动要求后,教室顿时热闹起来。大家用目光环视四周,希望尽快找到自己信任的人。随着一个个问题的提出,有同学就将手搭在了同伴的肩上。有些人因为怕痒,不断发出咯咯的笑声。用手搭在肩膀上,通过肢体接触的方式,可以加深彼此的了解,这种方法非常新颖。

最初,大家在寻找玩伴和倾述对象时,只是局限在同性之间,男生、女生似乎都不好意思伸出手搭在异性的肩膀上。然而,班中的阳光男孩童其,打破了男女生之间的界限,他把手搭在了和他们一样爱玩篮球的假小子小沛身上,接下来,男女互相搭肩便开始多了起来。

有一只手突然搭到了活动带领者的肩膀上,还不好意思地做了一个鬼脸,随后,活动带领者也把手搭到只是在旁边观看,自己却没有投入其中的小洁身上,她有点惊讶,脸上露出了微笑。不一会儿,场上出现的不仅是一对一的搭肩,而是所有同学连成了一条长龙,彼此交流分享,快乐无比。

每一次抛出问题后,同学们就积极行动找到搭肩的对象。"因为和你在一起很快乐,所以我愿意把手搭在你的肩上。""因为你的学习很不错,而且乐意帮助班级的每一个同学,所以我们都选择把手搭在你的肩上。"同学们在认真主动地交流着。

热心人子华的肩上搭着十几只手。在分享环节,活动带领者问子华:"当你看到有那么多双手想放在你的肩上时,心情怎么样?""当然很幸福,因为被人需要"。"那当十几双手全部搭在你的肩上时,又是怎样的感觉?"子华想了想说:"其实还真有些累!还好马上又到了下一个问题,如果一直搭在肩上,我会有一种被压垮的感觉。"活动带领者对子华说:"做任何事情都需要把握好一个度。"子华似乎有些若有所思。

参与者感悟

- 一开始,我只是觉得好玩,当把手搭到别人的肩上和被人搭到肩上时,我感觉自己的内心发生着微妙的变化。我为什么会把手搭到对方的肩膀上,因为对方向我投来感谢的目光,让我感到内心很温暖。而当我的肩膀被好多双手搭着时,我也感觉很幸福,因为被对方需要是一种快乐。整个活动充满着欢声笑语,在活动的过程中,同伴们有眼神的交流,有语言的交流,最终我们连接在了一起。

- 在活动的过程中,我看到同伴们全情投入,而我只是在一旁观看。当活动带领者提出第四个问题时,我在脑海中努力搜索可以寻求帮助的对象,好像都可以,又好像都不可以,那一刻我突然意识到自己不愿意主动求助他人,也不知道应该如何开口求助。当有同伴把手搭到我的肩膀上时,我又感觉有些不自然和不习惯,看到我的肢体和表情,同伴似乎也有些犹豫,不知道是否可以把手搭到我的肩上,好在活动带领者及时介入,避免了尴尬。这个活动让我对自己有了更深入的认识,在人际交往的过程中,也许我应该有一些改变。

专家点评

这个活动适合在彼此比较熟悉的团队中开展,能够帮助学生更好地认识自己在团队伙伴心目中的位置,同时,通过他人这面镜子,了解到自己的优势和不足,做出一些适当的调整。

作为活动带领者,一方面需要关注一下团队中个别不受欢迎的学生。在组织活动实施的过程中,活动带领者也可以作为一员参与其中,让自己成为学生"信任的人",并且把这份信任给到落单的学生。对于个别比较特殊的学生,可以请他们在分享环节谈谈感受,给予鼓励。在活动结束后,活动带领者还可以与这部分学生进行个别谈心,帮助他们建立一种良好的同伴关系。另一方面也需要关注最受大家欢迎的学生,提醒一下:被人需要是一件很幸福的事,但如果过度地去承受,也会让自己变得很累,因此要把握好人际交往的度。

# 活动28 投掷玩具

活动目的

1. 让学生知道彼此的姓名或昵称。
2. 让学生破除人际藩篱,建立起良好的团队互动。
3. 让学生理解人际交往中的"黄金法则"。

活动准备

1. 活动场地以室内为宜,活动时间大约20分钟。
2. 可以发声的毛绒类动物玩具(如发声小兔、发声小狗、发声小熊等)。
3. 活动适合在小学生、初中生中进行。

活动过程

活动概述:活动带领者将学生分组。各组成员彼此认识后,在小组内通过抛传发声玩具,进一步相互认识,并能说出彼此的姓名。

活动步骤：

1. 活动带领者将所有学生分成若干个10人小组。

2. 小组成员围成一圈坐下后，先各自进行自我介绍（如自己的姓名或昵称等）。

3. 本小组所有成员都介绍完之后，活动带领者将发声玩具交给其中一位同学，拿到发声玩具的同学将其抛给组内任何一个同学，并大声地说："×××，你好。"

4. 接到发声玩具的同学要大声回应说："谢谢，×××。"然后再将发声玩具传给下一位同学，并大声说："×××，你好！"

5. 以此类推，直至所有同学都传过一遍，游戏结束。如时间允许可以再做一轮。

❄ **问题讨论**

✦ 你将发声玩具抛给了哪位同学，为什么要抛给他？
✦ 当听到有同学大声地说出你的名字或听到对方的感谢时，你的心情如何？
✦ 通过游戏，你记住了几位同学的名字？
✦ 游戏给你带来怎样的感受？

带领者提示

1. 传递毛绒发声玩具，可以增强现场气氛，如用其他球类代替此道具也可以。

2. 在一轮活动中，务必使每个学生都有机会传递过一次，时间允许可以多做几轮，让学生有更多交流的机会。

3. 每个学生在抛给下一位同学之前，必须首先对抛给自己发声玩具的同学表示感谢，这样学生在"谢谢"和"你好"中增进交流。

一个新组成的班级，同学之间陌生不熟悉，通过此活动可以让大家很快记

住其他同学的名字。若采用自我介绍的方式,每个人说出自己的名字和昵称,有时很难被他人记住,效果也不太好,同学之间缺乏情感的交流。但经过本活动的体验,同学之间在"你好"和"谢谢"中,投入了情感,可以增进友谊。

活动结束后,再让学生介绍一下自我的特点,学生们都显得比较大方和热情,不仅介绍自己是谁,还介绍了自己的爱好,甚至说出自己的昵称和外号。这样有利于同伴记住自己,小组氛围十分热烈。另外,本活动借助玩具的抛接,让大家的注意力都集中到小组成员中。每个人都能够被人认识,以及主动地认识他人的机会。

学生在活动中感受到,本组的成员如果都能快速地记下其他同学的名字,抛接活动就会做得顺利,如果大家彼此不熟悉,抛与递的过程就会停顿,所以在活动前熟悉彼此的名字,是快速完成活动的保障。

在记下同伴名字时可以使用一些技巧,如记昵称或者外号,也可以采用联想法,想想同学的特征,快速记下名字。

参与者感悟

- 我很喜欢投玩具时说:"你好。"活动的过程非常考验我们的记忆力,在最短的时间记下彼此的名字,需要一些技巧。但在掷玩具的活动中,一位同学大声地说:"×××,你好!"另一位同学说:"谢谢,×××。"这对组内同学来说,彼此的相识很自然,也很快乐,不像以往认识新同学时很尴尬,在活动中相互熟悉的感觉真好。

- 我们在活动中都非常投入,由于我的记忆力不好,在投掷说"你好"的时候,没有很好的叫出下一位同学的名字,使活动停顿了,但组员们没有嫌弃我,大家都在帮助我,鼓励我说出同学的名字,最终化解了尴尬,我感到十分开心,我要努力记住那些帮助我的同学。

专家点评

在实际操作中,必须思考这个活动和实际情况间的相互关系。这次活动让学生明白,"你希望别人来配合你"或"希望自己能这样做的"的前提是我们自己首先要做到,在团队中,要懂得合作的重要性。

这个活动在开学第一周，同学们彼此间不熟悉的时候开展特别好。这个心理活动可以在愉快的氛围中，在互动中学生们彼此相识，是一个自然、有趣的过程。活动带领者在总结点评时，还可以对人际交往的"黄金法则"给予更进一步的说明，让学生在新的集体建立中学会信任别人，学会用更好的态度对待别人。

其实，有些学生不知道如何主动与人交往，主要是感觉自己属于一个孤零零的人。本活动让学生明白：人际交往需要自己主动，两个主动的人就可以很快彼此了解。一声"×××，你好"，一声"谢谢，×××"，让学生迈出了主动交往的第一步。

作为社会的人，我们一生下来就处在一定的人际关系中，一个人为人处事的方式和态度对每个人的成长都影响很大，有时甚至会影响一个人的事业成败。人际交往有哪些类型呢？按照熟悉程度可分为：经常接触的人、不定期交往的人、交往比较少的人。按照交往人的类型可分为：亲戚、朋友、同事、同学、邻居等。不同的人群，交往的方式往往会有很大的差异。对待不同的人会有不同的技巧和不同的态度。尽管人际关系可以分成很多类，但在这些不同人群的人际关系交往中，有些原则具有普遍性。例如，诚信、谦虚、平等、主动、热情等原则，同学们在人际交往中只要努力学习和运用，就能够更好处理好人际关系。

 活动29　走进植物园

 活动目标

1. 让学生走进大自然,学会用眼睛观察自然的美丽和独特。
2. 让学生学会小组合作,共同完成任务。
3. 让学生用心感悟自然,读懂人与自然间的关系并能爱护自然。

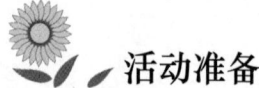 活动准备

1. 活动场地以室外植物园为宜,活动体验1天,活动分享大约40分钟。
2. 提前设计活动单,分好小组。
3. 让学生带好手机,至少每组一个。
4. 活动适合初中生、高中生中进行。

 活动过程

活动概述：学生走入植物园开展实践活动,需要以小组的形式共同完成一项任务,即寻找植物园中最独特的植物、生命力最旺盛的植物和生命即将枯竭

的植物,并形成一份探究报告,进行分享。

活动步骤:

1. 活动领导者随机将全班分成若干个6人小组,组员讨论、明确各自的职责(包括组长、信息员、环保员、摄影员等)。

2. 前往植物园开展实践活动,并以小组为单位完成活动任务,内容包括:寻找植物园中最独特的植物、生命力最旺盛的植物和生命即将枯竭的植物。

3. 请学生根据完成的活动内容以及分享要求,制作PPT进行展示。

(1) 植物园中最独特的植物,以及入选的原因。

(2) 植物园中生命力最旺盛的植物,以及入选的原因。

(3) 植物园中生命即将枯竭的植物,我们是如何关注到它的。

4. 根据各个小组在实践活动中的表现,进行个性化评选。可以由活动带领者进行点评,也可以是小组成员之间互相点评。要求按照互相欣赏、友善提出改进意见的方式开展评价。

可以参考如下一些奖项的名称:最佳合作小组、最具慧眼小组、最佳文笔小组、最佳摄影小组等。

❋ 问题讨论

- ✦ 在活动中,你们是如何完成这些任务的?当小组意见不统一时,又是如何协调的?
- ✦ 在活动中,你遇到的最大困难是什么?又是如何克服的?
- ✦ 本次活动,你所在小组最大的收获是什么?特别希望感谢谁?

带领者提示

1. 本次活动分两个阶段,第一阶段布置活动,特别是当天的实践活动,一定要事先分好小组,让各个小组明确任务和要求。并且,一定要对学生进行安全教育。第二阶段为活动结束后的班级分享。活动带领者提前把分享要求告知学生。在分享之前,要求学生利用双休日制作展示PPT。

2. 在班级分享过程中，活动带领者要把握好评价的尺度，在欣赏的前提下，提出进一步改善的意见。

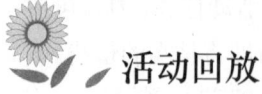

活动回放

当活动带领者宣布：利用学校组织的春游活动，开展实践活动，并以小组的形式来完成任务时，"逐风小队"的宇轩同学露出了不开心的表情，原来宇轩认为：春游中增添一些任务会使他们失去了玩的兴致。于是，活动带领者在全班再次明确了此次活动的意义，又特别在宇轩所在的"逐风小队"进行了动员，希望他们能够用集体的智慧，出色地完成本次任务。活动带领者的鼓励让宇轩十分积极地投入到小组的分工和布置中。

在小组活动时，宇轩同学所在的小队表现出色，尤其在最后的班级分享中，宇轩的心声打动了班级的每一位师生。他说：正是老师布置的这次任务，让我们小队更加努力地去发现植物园中的那些花朵的美丽，也让我看见了同学们发现奇特花朵时露出的欢乐笑脸。本次的实践活动是我从小到大感觉最充实、最快乐的一次。

前期的植物园实践活动，每一个学生都能积极参与，带着愉快的心情走进大自然，寻找自然界各种独特的植物。并且学会欣赏，让心变得更加柔软。

前期活动顺利结束后，接下来的小队分享活动也是一场重头戏。在活动结束后，活动带领者将要分享讨论的问题，告知每一个小队的成员，请他们精心制作PPT，并进行小组汇总。分享活动的当天，各个小队的精彩分享给了彼此许多启发与收获。

获得"最佳合作奖"的是"forever小队"，他们组分工明确，既有摄影师，又有文字撰写员，还有寻找奇特的植物员。在最终的展示中，组长对每个组员表示了感谢，并且表达了小组齐心协力，顺利完成任务的喜悦心情。

获得"最佳摄影奖"的是"拍客小队"，他们小队拍的照片取景好、用光佳，内容十分精彩。同时，他们还将相片冲印后贴在教室，并将植物的名字以及摄影师的名字进行了展示。"拍客小队"将这些细节都做得非常精致，让人不禁为他们拍手称赞。

获得"最具慧眼奖"的是"独具匠心小队",他们选择的植物虽然普通,但是他们的解读却十分独特。如最具生命力的蒲公英:头状花序,种子上有白色冠毛结成的绒球,花开后随风飘到新的地方,孕育新的生命。随处可见的蒲公英为植物园增添了一道靓丽的风景线。

参与者感悟

● 在寻找植物园生命即将枯竭的植物中,我们发现了一些枯黄的草叶,它们不是自生自灭的野草,而是曾被精心种植和养护的人工草皮。它们曾在人工的养护中自由生长,然而移至户外后,即便是春天它们也显得有些颓然,没有了往日的绿意。从中,我们感悟到做人亦同做草,只有经历风雨,才能磨炼自己,获得成功。

● 在这春暖花开的季节,我们从书本之中走出去,聆听大自然的优美旋律,欣赏大自然的独特之美,分享阳光下大自然给我们带来的乐趣。在这美丽的春天里,我们一起观赏各式花草,一起静心感受春的气息,聆听春的乐曲。这样的活动既能放松身心,又能开阔视野,在鸟语花香之中,我们了解了许多独特奇妙的植物,也享受着这美丽的春天!

专家点评

马斯洛的"需求层次理论"强调人有生理、安全、归属与爱、尊重和自我实现五个层次的需要,这五种需求从低级到高级,表现为一种不断递进的层次序列。处于中学时期的这些青少年(13—16岁),他们的需求是什么呢?这个时期的学生,很在乎同伴,要有归属感与伙伴给予自己的友谊。因此,此次活动以小组为单位,让大家共同去完成,不让一个学生落下的做法是非常正确的。本次实践活动的任务没有唯一的答案,让大家都能有话好说。同时,评价的方式比较多元,让每个小组的优点都能被大家挖掘到,从而实现小组共同的价值。这对于渴望得到他人认可,获得自我价值感的中学生是十分重要的。

每个组在找寻植物园中最独特、最有活力,以及生命即将枯竭的植物时,对生命的意义又有了不同的思考,相信同学们会十分享受这样的活动,并从中获得幸福感。

活动30 走近老师

 活动目的

1. 掌握访谈提纲的制定方法,学会制定人物访谈表。
2. 掌握与人交谈的技巧,提高学生的思维应变能力,增强学生的语言表达能力。
3. 通过采访,学习撰写采访人物小结,培养学生的总结归纳能力。
4. 培养学生的合作意识和团队精神,提高学生分工与协作的能力。

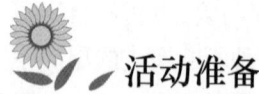 活动准备

1. 活动适合在室内比较安静的地方进行。采访30分钟,撰写访谈稿,分享40分钟。
2. 每个小组准备好摄像机或照相机和笔记本。
3. 设计"人物访谈工作单"(表2-2),根据班级所分组数提前打印好。
4. 活动适合在初中生、高中生中进行。

表 2-2　人物访谈工作单

组长：_____　　　组员：_____

采访对象	
访谈提纲	
被采访老师留言	老师签名：　　　　　　时间：
小组自我评价	
指导评价	评语	
	等第	
		老师签名：　　　　　　时间：

活动过程

活动概述：让学生走近老师，通过采访老师，进一步认识老师、了解老师。通过罗列人物访谈提纲，开展人物访谈，撰写人物访谈稿，以及分享人物访谈收获等四个环节，提升学生的综合能力。

活动步骤：

1. 根据班级人数，学生自由组合，每组人数在4—5人为宜。
2. 小组商讨，完成"人物访谈工作单"中的前两项内容：确定准备访谈的

老师,撰写访谈提纲,做好访谈前的准备工作。

3. 邀约访谈老师,提前告知访谈问题,确定好访谈的具体时间和地点(访谈地点需要选择较为安静的场所)。

4. 开展具体访谈,请被访谈老师写下留言。结束后整理访谈内容,撰写人物访谈总结报告。

5. 交流人物访谈活动中的收获与不足之处,活动带领者给予现场点评。

❄ **问题讨论**

✦ 你是如何确定采访对象的?
✦ 在采访过程中,你遇到了哪些困难?
✦ 通过采访老师,你对老师有了哪些新的认识?
✦ 你认为今后在访谈过程中还要注意哪些方面?

带领者提示

这个主题活动可以历时一周半,其中包括学生采访老师以及撰写人物访谈小结。三次活动的具体内容为:第一次活动,活动带领者介绍如何进行人物访谈、人物访谈的过程以及需要做的哪些准备工作;第二次活动,以小组为单位,商讨确立准备访谈的对象,制定访谈提纲,活动带领者分小组做指导;第三次活动,分享访谈小结,互动点评。

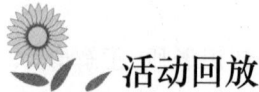

活动回放

人物访谈其实没我们想象中那么容易。在所有的采访对象中,有一组确定的采访对象是校长。因为要采访校长,他们非常重视,反复琢磨采访提纲,希望能够表现得好一点,可是在约谈校长时却遇到了一些困难,由于校长工作忙碌,两次约定的时间都被突发事件打乱了,同学们似乎受到了打击,渐渐热情大减。

活动带领者发现这一组遇到的突发情况后,决定把几个小组的组长召集在一起,让他们各自汇报小组的进展情况,尤其是目前遇到的困难。没想到小组之间的交流给了彼此一些启发和鼓励,采访校长的小组再次与校长商定,约在放学后进行访谈。终于,顺利采访到了校长。没想到,他们还邀请校长来到班级,参与了此次人物访谈分享会。

人物访谈培养了学生的综合能力。在分享会上,各个小组的精彩表现让我们收获了很多惊喜。如一个全部由男生组成的小组,将分享课件做得十分完美,尤其是视频剪辑得很到位,把他们的提问和现场采访老师的片段有机地结合起来,还配上了背景音乐,附上了幕后花絮,整个作品有专业电视台制作短片的风范。当他们把自己剪辑的这一片段分享给老师、同学之后,让大家对这个小组默默无闻的小李,也就是短片制作者有了全新的认识。

有的小组将采访对象邀请到分享现场,还原了当时采访的部分场景,整个活动氛围十分融洽温馨。另外,学生互动、交流争论也让我们的分享别样精彩。

参与者感悟

- 我对这次活动很感兴趣,也尽全力去完成它。通过这次对老师的访谈,我觉得老师内心的想法与我们的想法其实都是一样的,而且所有老师都有一个目标,就是希望我们一天比一天进步,一天比一天获得成长。这次访谈让我和老师有了一次近距离的亲密接触,令我终生难忘。

- 我生平第一次扮演记者的角色,即使采访对象是自己的班主任,但还是免不了有一丝紧张。但是,这一次的采访还是非常成功的,也基本达到了我们的目标,与老师的交谈非常愉快。最出乎意料的是,老师不但非常认真仔细地回答我们的问题,还时不时地和我们说一说生活中的小故事,或是自己对一些事物的了解和看法。到了最后,我们甚至都忘记是在采访自己班主任。

- 这次访谈引发了我们的一些思考——记得老师说目前最大的困扰是,没有办法找到既有效果又富有艺术的教育方法。其实对于这一点,我忽然想到这并不只是老师个人的事,事实上老师的最终目标就是帮助我们健康、快乐地成长。所以,我们有理由主动与老师沟通,在沟通中解决问题——沟通是打开心门的钥匙!

专家点评

教师与学生之间的真诚交流、坦诚沟通不仅是时代教育的呼吁,也是学生内心的呐喊。因此,这一次的"走近老师"活动,即组织学生在学校教师中开展人物访谈,走进教师,去看看他们的世界是非常有意义的。通过交流与沟通,提高学生换位思考的能力,拉近师生间的距离,增进彼此的理解。

该活动是一个项目化的活动,时间跨度比较长,活动带领者需要关注活动每一个时段的任务,尤其是活动中期,各个小组采访任务的推进,及时给予帮助和支持。当然,活动带领者还可以做个有心人,及时捕捉采访过程中的一些小花絮,挖掘在活动中涌现出的一些资源,将之作为分享时的素材。相信通过这样的活动,一定会唤起师生双方的理解与支持,形成和谐融洽的师生关系。

第三章　合作竞争
——双赢技巧

我们所处的时代是一个竞争的时代,从世界范围内的经济竞争、综合国力竞争到科学技术和民族素质的竞争,可以说竞争遍及每一个角落。无论什么人,无论什么事都无法避免竞争现象的存在。

我们所处的时代又是一个合作的时代,合作具有极大的社会作用,人类社会的发展和进步离不开合作,合作可谓是人类社会得以形成的根基。合作产生人的群体力量、社会力量,这些力量是单独个体的力量所无法比拟的,也不等于个体力量的简单相加。

现代社会是竞争与合作的社会,为了适应社会的需要,必须培养学生的竞争意识和合作意识。通过本章的活动体验,培养学生正视竞争、勇于竞争、善于竞争的勇气和能力。让学生较好地理解在合作中竞争,竞争才能更好的实现目标;在竞争中合作,合作才能更加有效,才能共同进步和发展。面对竞争压力,要善于创造条件,主动寻找合作伙伴,在竞争中发挥团队合作的力量,运用集体的智慧和力量,战胜困难并获得双赢的结果。

活动31　穿越地雷阵

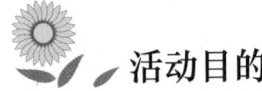

活动目的

1. 在活动中有效促进小组成员之间的沟通与交流。
2. 在活动中激发学生的竞争意识。

活动准备

1. 活动场地室内室外皆宜,活动时间大约30分钟。
2. 根据参加比赛的组数,准备若干个眼罩,记时秒表1只,10米长的绳子若干。
3. 准备障碍物(可以是矿泉水瓶子、大的可乐瓶子或用纸做的球型物体等)作为地雷。
4. 活动适合在初中生、高中生中进行。

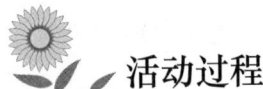

活动过程

活动概述：在一组搭档中,一名参与者被蒙上眼睛,负责走"地雷阵",另一名参与者通过口头语言,指导搭档走出"地雷阵"。其他成员负责安全引导和保护、负责布置"雷区"和记时等任务。

活动步骤：

1. 选择一块比较空旷的场地，安排2名学生专门负责"地雷阵"的布置。

2. 参与者5人一组自由组合。

3. 每组分发一个眼罩，其中一人蒙上眼睛，扮演"地雷阵"的穿越者。

4. 活动开始前，穿越者站在场外等候，活动开始时，引导员把穿越者带到比赛起点。将两根绳子平行放在地上，相距3米，代表"地雷阵"的宽度，两根绳子之间随机铺上障碍物——"地雷"，另设起点和终点的标志，总长度10米为宜。

5. 穿越者在同伴的引导下，走到"地雷阵"的起点处，指挥者在他身后2米处，指挥其安全通过"雷区"。

6. 负责指挥的同学只能用"前"字来引导蒙眼同学完成"雷区"的穿越任务，如果说其他字增加用时3秒。

7. 在同一场地上可以有3组同学同时进行比赛，走出"雷区"边界者增加用时3秒，触碰到其他人增加用时1秒，最后用时最少的小组获胜。

8. 活动带领者总结此次活动。

❋ **问题讨论**

✦ 做完"地雷阵"游戏，你有何感想？

✦ 你的同伴能做到指令清晰吗？

✦ 从游戏中获得的感悟，对于你的生活有何启发和意义？

带领者提示

1. 为了让"地雷阵"更有神秘感，建议交换"布雷员"。

2. 被蒙住眼睛的同学看不见周边情况，所以要小心，防止摔倒。每组需要设置一名安全员负责保护。

3. 提醒各小组要注意遵守活动规则，引导者只能用"前"字来指挥穿越者行动，其他组员不得暗示和提醒。

 **活动回放**

开场白:我们小组将接受一项重要而艰巨的任务,要派出一名勇敢的同学穿越"地雷阵"。因为穿越者是在"漆黑的夜晚"行动,所以,必须借助同伴的引导才完成任务。小组成员如何分工合作?谁承担穿越"地雷阵"的任务?扮演指挥者的角色?谁来保护同伴的安全?如何用最短的时间完成任务?同学们,开始行动吧!祝你们好运!

活动开始,各个小组先用3分钟的时间练习,各小组都很认真的商量对策,确定勇敢的穿越者、机智的指挥者、安全的保护人。分工明确后,开始尝试着走"地雷阵",待基本掌握了活动规则后,比赛正式开始。活动主持人确定一名同学担任计时员,两名同学担任"雷区"布阵员,一名同学协助全场督管。

活动开始了,小尧组率先参加比赛,小阙穿越"地雷阵",小尧负责引导指挥,他们商量的对策是:"前"表示往前走一步;"前、前"表示往左走一步;"前、前、前"表示往右走一步。小尧的指挥非常清楚,小阙顺利躲过几个"地雷",但在快到达终点时,不小心踩到边线,被增加用时3秒。小组内的成员不断鼓励他,为后面参与活动的同伴增加了信心。

第二组参加比赛的是小群组,他们非常快速地完成小组成员的分工后,小群负责指挥引导,小杰负责超越"地雷阵"。由于指挥过程中他们没有很好地理解活动规则,使用了"往左前进""往右前进",因而被增加用时6秒,虽然同伴们非常努力,但最终因为用时较多而未能超越其他组。

在活动分享环节中,小杰说,他们小组失败的主要原因是没有搞清楚活动规则,还有小组成员之间的沟通不够充分。这个活动成败的关键是同伴之间的配合,理解活动规则并有效沟通,引导者的指令要清晰,穿越者要完全理解指令,否则活动肯定会失败。

小尧组的成员总结了活动成功的原因,小组成员认真倾听活动主持人宣读的活动规则,领会活动要求。在充分沟通的基础上,组员们非常透彻的理解"前"字的含义,再加上引导者与穿越者非常默契的配合,小组成员又有很强的竞争意识,负责保护的同学也非常尽责,"众人拾柴火焰高",所以,他们很顺利地完成活动,获得成功。

参与者感悟

- 这个活动带给我们很多思考,我们小组获胜的关键点在于,活动中指挥者发号指令十分清晰,除了理解规则之外,我还看到了我们组成员之间的彼此信任,比如穿越"地雷阵"的同学感到有危险时,我们告诉他一定会尽全力保护他,让他没有顾虑,而我们确实也做到了。我觉得彼此信任是保证活动成功很重要的关键,在现实生活中我们也要信任他人,彼此信任才能成为朋友。

- 这个活动很有挑战性,我扮演的是"地雷阵"穿越者的角色,一开始心里真的很紧张,担心自己摔倒,担心走错了路线被同伴指责。当我在活动中得到了同伴的支持和保护时,我觉得很幸福,让我更有信心地走下去。我躲过了几个"地雷",顺利完成了任务。我感悟到在生活中只要有信心,积极参与活动,就有获得成功的希望。

专家点评

这个活动在实际操作中,需要一定的技巧,最重要的是讲清楚规则,让学生理解如何用活动规则中的"前"字来制定小组的规则,如果这一步做好了,就比较容易开展后面的活动。这个活动可以用在小团体的训练中,培训他们既要彼此信任,又要有领导的能力,理解工作要领,果断清晰地发出工作指令。

这个活动不仅考验学生之间的配合程度,也反映学生们的智慧和灵敏。如何定义"前"字,学生有很多创意,除了说出"前"字,有的小组成员还增加了语气语调,配合拍手蹬脚等动作,丰富指挥的效果。活动现场是紧张而快乐的。

这个活动还能培养学生的竞争意识,竞争意识是以个人或团体力量力求压倒或胜过对方的一种心理状态。培养学生的竞争意识和竞争能力是教育的重要内容。孩子竞争意识的培养必须通过正面教育实现,需要引导学生在日常的生活、学习中坚持训练,逐步养成良好的习惯。在培养学生竞争意识的过程中,应该让学生明白,竞争不应是狭隘的、自私的,竞争者应具有广阔的胸怀;竞争不应是阴险和狡诈、暗中算计人的,而应是齐头并进,以实力超越;竞争不排除协作,没有良好的协作精神和集体信念,单枪匹马的强者是孤独的,也不容易取得真正的成功。

 活动32 顶球竞走

 活动目的

1. 在活动中锻炼学生的沟通配合能力。
2. 让学生体验合作的乐趣并培养合作意识。

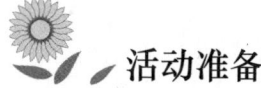 活动准备

1. 活动适合在操场或户外宽阔的平地上进行,时间大约30分钟。
2. 准备大小适度的彩色气球10余个,提前充足气。
3. 准备橡皮筋10余根、秒表2只、计分表1份。
4. 活动适合在初中生、高中生中进行。

 活动过程

活动概述:本活动让学生两两合作,用头部或身体的某一部位顶球前进,一个大组有若干个两人组组成,以用时最少的组为胜。活动要有记时员和全场督查员。

活动步骤:

1. 全班同学面对中心围一个大圆圈,按1、2……10报数,10人为一个大组,全班分为若干个大组。

2. 每个大组的学生,两人为一组,共计5个小组。

3. 设定顶球前进的距离10—15米。

4. 各小组的两名组员用额头互顶汽球向目标前进,到达终点标志后绕一周回来,再由另一小组的成员继续,最先结束者为优胜。

❉ **问题讨论**

✦ 对分组过程有什么建议?
✦ 两两配合成功的关键因素是什么?
✦ 游戏给你带来怎样的感受和思考?
✦ 如果用其他物品替代气球可能会出现哪些困难?

带领者提示

1. 在分组中,落单的学生可作为计时员或场地监督员。

2. 分组可以按1—10报数产生,也可以1—4报数产生1号组、2号组、3号组、4号组。后者需要保证每组中既有男生又有女生。

3. 活动可用番茄、柳橙、橘子等其他物品替代气球。

4. 两两配对以自愿为原则,避免出现尴尬场面。

5. 如果进行多轮比赛,可以尝试身体其他部位(如背部、肩部、腿部等)夹带物品前进。

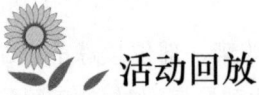

本活动共分了4个大组,每组10位同学,在进行第一轮比赛中,学生用额头

顶气球,在前进的过程中,刚开始两位同学的配合不默契,气球总是掉下来,并且速度很慢。在活动中有的是男生和男生合作,女生和女生合作;有的是一个男生和一个女生合作。相对来说,同性学生合作的失误率较低,异性学生合作有时动作会变样,容易导致失败。

在到达终点后,学生们开始讨论成功和失败的原因,便于改进活动的动作,提高效率。第二轮比赛由第一轮胜出的两个组争夺名次。第一组的组员很团结,比赛前就商量好对策,两个人一组,步伐一致,并且后面的学生准备好接力,不会在接力上浪费时间。第四组学生始终没有形成合力,气球多次掉落在地上,浪费了许多时间。

参与者感悟

- 这个游戏挺有趣的,额头顶球并不容易,两个人保持一样的走路速度,且随时关注球不要滑落,这是十分重要的技巧。一路上我们的球掉了好几次,总结经验并商议对策后,我们在这次比赛中取得了好成绩,可见沟通、协作有多重要。

- 我们小组获得了第三名,非常遗憾,因为在活动中,我们的失误很多。我认为之前没有沟通好,没有找到最佳合作点,协作不够多,是导致失误的关键。不过通过活动我们收获了友谊,小组成员没有互相指责,而是一起讨论了活动中的体验和收获,胜负是其次的,重要的是我们要在活动中懂得团队协作的重要性。

专家点评

活动带领者要注意把握活动对学生的启发性意义。活动的快慢未必就是小组成员活动成败的指标。因为导致最后结果的因素很多,比如两个合作人的身高、性格、能力、性别,以及夹带物品和夹带位置不同造成的差异,所以一轮活动结束后,一定要留出时间让学生交流分享。

在夹带物品的设置中,活动带领者也可以设计出富有想象力和挑战性的物品。例如:生鸡蛋(易碎);装满1.5升水的矿泉水瓶(较重);大小适度的冰块(冰凉)等。

活动带领者要让学生充分体验合作的过程。在时间允许的情况下，最好让每个同学能尽可能多的与其他同学合作，如同性好朋友、同性一般同学，异性同性同学，甚至还可以让身高差距较大的同学体验合作过程。在充分体验的基础上，让同学谈自己的体会与发现，思考怎样应对不同的场景，掌握应对不同条件下的挑战，培养学生敢于挑战的突破性思维。

活动33 合作串串果

活动目的

1. 让学生在合作中体验竞争,在竞争中学会合作。
2. 让学生明确团队合作的重要性,提高学生的合作意识和能力。

活动准备

1. 活动场地以宽敞的室内或室外为宜,活动时间大约20分钟。
2. 准备15粒花生、10片形状不同的树叶、5个绒线球,以及大头针和线若干。
3. 根据小组数准备文件袋,保证每组一个文件袋。
4. 活动适合在小学高年级和初中生中进行。

活动过程

活动概述: 各组学生利用文件袋里提供的材料,在10分钟的时间内进行作品创作。要求至少使用10粒花生、6片形状不同的树叶、3个绒线球,用针线将上述材料串起来,创作出一个作品。各组将完成后的作品挂至指定地方进行展示,学生交流活动感受,活动带领者进行点评。

活动步骤:

1. 活动带领者将学生按照4—6人一组进行分组。

2. 各组派一名代表从活动带领者手中,领取装有活动材料的文件袋,包括针、线、15粒花生、10片形状不同的树叶和5个绒线球。

3. 活动带领者宣布活动要求:各组同学合作将至少10粒花生、6片形状不同的树叶、3个绒线球用针线穿起来,创作出一个作品,并为作品取名。

4. 完成作品后,各组在教室集中展示,各组派出一名代表在全班进行交流。

5. 活动带领者进行总结和点评。

❋ **问题讨论**

✦ 促进小组成员合作完成任务的因素有哪些?

✦ 阻碍小组成员合作完成任务的因素有哪些?你们是如何解决的?

✦ 本游戏给你带来怎样的感悟和收获?

带领者提示

1. 为了便于作品的最后比较,各组材料包中的物品要尽可能做到相同,但如果最后作品的点评以小组创意为主,材料不同关系不大。

2. 为了方便作品的完成,建议用稍粗一点的针和线。

3. 作品展示区要事先做好布置,让小组作品可以方便的或挂、或贴、或摆,并有一个整体感。

活动回放

学生们拿到活动材料包后,马上热情地投入到小组的集体创作中。有的小组急急忙忙,你拿针我拿线的,忙碌起来。开始时一片混乱,毫无章法,后来渐

渐渐地他们意识到如果"群龙无首",不仅速度慢,而且还可能难以完成任务。于是,有一个同学自荐成为组长,对整个小组进行了统一安排,对成员进行分工,有人负责设计,有人负责穿针;有的拿花生,有的选树叶,活动有条不紊地进行着,速度也大幅提高。有的小组因用力过猛,把花生穿坏了,再重新进行更换,并且在做的过程中还出现了组员间相互指责和埋怨的现象,有同学被指责后生气了,甚至不愿意再继续做下去。有的小组即使出现争议,比如争论3种物品放的位置如何美观与合理等,但他们很快就能统一意见,齐心协力地完成作品。

当学生将自己小组的作品拿到展示区时,引来许多同学的围观,特别是看到其他组同学们称赞自己小组的作品漂亮时,组员们都感到很骄傲,很快乐。

参与者感悟

- 当听到活动带领者宣布活动要求时,我觉得这是一个非常简单的活动,不就是用针穿连几样物品吗?但在实际的操作中我们组却遇到了很多困难。一开始,大家各自拿一样物品,但具体怎么操作没有思路,也没有人指挥,白白浪费了时间。这个活动非常重要的一点就是,组员之间要进行合理分工,统筹规划,各司其职,密切配合才能制作出好的作品。

- 我们组的成员都非常喜欢这个活动,因为这个活动让我们体验了协作后的快乐。我们拿到材料后,没有在第一时间就开始做,而是先把物品放在桌子上,大家一起商量怎么做合适,统一意见后,组员们先把物品排好,由组长负责用针线穿起来,我们作品的题目是"春华秋实"。我们组能够取得成功,主要是分工明确,合作有效,良好的沟通使大家的意见比较容易统一,组长也起到了指挥分配的作用。活动让我懂得了在团队中,一定要学会分工合作,必须目标清晰。

专家点评

合作是两个或两个以上的个人或群体,为了实现共同的目标而共同完成某项任务。活动需要参与的学生具有良好的合作意识,并且合作要目标清晰,分工合理,要有良好的沟通和高效的执行力。活动带领者必须引导学生能将这个活动中分享的感悟应用到平时的学习、生活中,形成一个团结协作的优秀集体。

　　这个活动可以在团队之中存在不和谐的时候,或在集体活动中学生彼此配合不太好,存在分歧时开展。在活动中,有的小组成员会产生很多分歧,活动开展时可能不顺利,这属于正常现象,存在的分歧最后如果在活动中能够有效化解就是活动最大的意义了。有的小组成员因为配合、协作、沟通都非常好,所以任务完成得又快又好。在分享与交流的环节中,不仅要让学生意识到快速完成任务十分重要,而且要对学生作品形式与内容的解读有具体的指导。一件富有内涵的作品,可以让学生感受到合作之外的意义。

　　在心理活动中,只要同学们非常认真地投入,各组的竞争意识一下子就会调动起来,大家努力想办法,都希望自己的小组能取得好成绩。由于同学们有了明确的目标,行动中也就会开动脑筋,想着如何以最快的速度完成活动中规定的任务。最终同学们找到了窍门——那就是组员之间必须分工明确,各司其职,遇到困难及时沟通。于是,在活动中就能够体验到什么是合作,什么是效率。

活动34　钻呼啦圈

活动目的

1. 培养学生相互协作的团队精神。
2. 让学生体验在集体智慧下克服难题,收获成功的喜悦。

活动准备

1. 活动场地以室外为宜,活动时间大约30分钟。
2. 每组准备一个直径60厘米的小呼啦圈和　个直径100厘米的大呼啦圈。
3. 准备秒表1只、哨子1个。
4. 活动适合初中生、高中生中进行。

活动过程

活动概述:每组成员手拉手围成一个大圈,其中两位成员手握呼啦圈的边缘,全组成员在手不放开的情况下,逐一钻过呼啦圈。第一轮用大呼啦圈进行,第二轮用小呼啦圈进行。在提高难度的情况下,小组成员如何利用集体的智慧,通力合作,顺利完成任务。

活动步骤:

1. 活动带领者把全班学生分成若干个12—16人的小组。每个小组的学生都手拉手,面向圆心围成一圈。

2. 小组学生面对圆心站好后,活动带领者为各个组发放一个大呼啦圈,圆圈中相邻的两名学生松开手,各自握住同一个呼啦圈的一边,让呼啦圈嵌入小组成员组成的圆圈内。

3. 小组内所有学生依次钻过呼啦圈,要求身体不能碰到呼啦圈。如果有学生的身体碰到呼啦圈,活动将重新开始,所有学生都成功地钻过呼啦圈后,本轮活动结束。

4. 活动带领者吹哨开始活动,同时用秒表计时。第一轮活动结束后,通报各小组完成任务所用的时间。

5. 各小组进行讨论,时间为5分钟:面对小呼啦圈,我们如何争取获得成功?

6. 第二轮用小呼啦圈开展活动,活动带领者注意观察各组采用何种方法,突破难题获得成功。

7. 学生分享感悟,活动带领者总结并点评。

❋ **问题讨论**

✦ 你在游戏过程中遇到了什么问题,如何解决的?

✦ 你觉得本游戏要取得成功的关键因素是什么?

✦ 呼啦圈变小后,你采取了什么新的方法进行尝试和突破?

✦ 通过游戏活动,你有怎样的感悟和收获?

带领者提示

1. 第一轮活动用大的呼啦圈,活动成功后增加难度,再用小的呼啦圈,这样可以激发学生的挑战性。

2. 为了便于小组活动有序进行,建议各组推选组长和副组长。

3. 关于呼啦圈的大小，可以用班上最胖的学生做试验，让他身体保持直立，呼啦圈套住其身体上下移动，只要呼啦圈边缘不碰到身体即可。

4. 如果发现班上确实有人身体的柔韧性较差，不适合参加这个活动，可以让其充当计时员或观察员。

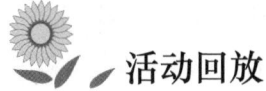

活动回放

这个活动看似简单，但实际操作起来却不容易。学生们第一轮开始做，采取从头部穿过呼啦圈，结果是很容易被触碰到身体，按照活动规则，只要身体碰到呼啦圈，就要重新开始。多次失败后，学生开始改变方法，有的把呼啦圈竖在地上，让学生钻过去，有的把呼啦圈平放在地上，让学生先站到圈里，再慢慢拿起来……试了许多方法，但是触碰到身体的情况仍时有发生。有时只剩下最后一位同学钻过，活动就成功了，但不巧又碰到了身体，组员之间就会抱怨最后一个同学，导致最后一个同学十分沮丧。按照活动规则，一切从头开始，重复活动时，所有的组员都非常紧张，害怕自己的身体触碰到呼啦圈，影响全组的成绩。

其实，活动中身体触碰到呼啦圈，有的是因为身体相对比较胖，有的是因为不够细心，最重要的是方法不正确，这需要发挥集体智慧，找到好的方法，再进行小组协作，这样才能完成高难度的任务。

经过几轮尝试，小组中自发产生了带领者，这样就可以指挥小组成员协同作战，统一意见，共同尝试，直到取得最后的成功。

参与者感悟

● 这个活动难度很大，需要集体的努力和智慧才能完成，并且方法特别重要。一开始呼啦圈竖起来大家依次穿过，很容易出错，但经过几轮的讨论和尝试，我们找到了正确的方法，从参与者头上往下套，这样最不容易出错，操作的要点是拿呼啦圈的同学要十分小心，即使换成小呼啦圈也容易成功。

● 活动中同伴的支持和理解非常重要，出错后没有指责，组员就会压力减小，同学中发出的"哎"声，其实只是表达遗憾，并不是指责出错的同学，所以同学间彼此谅解十分重要。

专家点评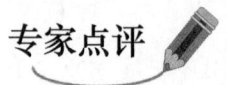

在班级管理中,班级的凝聚力非常重要,这个心理活动能很好的让学生意识到协作的重要性,有利于提高学生的凝聚力,加强班级的管理。

在"钻呼啦圈"活动中,准备大小适度的呼啦圈是关键,如果呼啦圈太大,对学生来说能够轻而易举地完成任务,没有挑战性。如果呼啦圈太小,则对学生的挑战性太强,各组都无法完成活动也就没有意义。学生做这个活动时会注意到小巧玲珑有多好,个子高大、动作不灵活的同学会纷纷出错,如果引起小组成员之间的抱怨,那么这部分的同学会感到尴尬,小组的凝聚力也会受到影响。作为活动带领者需要关注的是学生们能够从小组的实际出发,相互合作完成任务,而不是抱怨和指责。

活动 35　履带战车

1. 通过活动培养学生团结一致、密切合作、克服困难的团队精神。
2. 通过活动,加强学生之间的互相信任和理解。

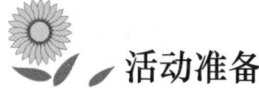

1. 活动适合在室外篮球场开展,时间需要30—40分钟。
2. 准备报纸和胶带,根据每组人数提供若干。
3. 活动适合在小学高年级和初中生中进行。

活动概述：活动带领者要求小组成员用报纸和胶带制作完成履带战车,所有小组进行履带战车行进的比赛,全体组员共同参与,以履带战车完整、快速地到达终点为胜。

活动步骤：

1. 活动带领者根据全班人数，将学生分为12—16人的小组，形成若干个战队，每个战队产生队长、副队长各一名。

2. 队长领取适量的报纸和胶带，带领队员们在15分钟内制作完成一个能够站得下全体队员的履带战车。

3. 各队成员统一在履带战车内站好，由裁判统一发布口令后出发。

4. 在行进途中，所有成员要用手托举履带，履带战车必须与地面保持垂直。

5. 在行进过程中，若履带战车断裂，必须在原地修复，并在裁判许可后才可以继续行进。此时队员可以接触地面，但不能阻挡其他组行进的路线，否则将被取消比赛资格。

6. 最快到达终点的战队为获胜者。

7. 全班同学分享活动感悟。

❈ **问题讨论**

✦ 你在整个活动中起到了什么作用？

✦ 你们小组是如何互相配合完成的(成功与失败均可交流)？

✦ 从这个活动中，你收获了什么？

带领者提示

1. 在行进过程中，如果履带战车断裂了，一定要停下来，重新修补后才能继续前进。

2. 所有队员必须在履带战车内，身体的任何部分不得直接接触地面，如有违规接触地面的队员，每次全组将被罚停5秒，超过3次罚停的小组则被取消比赛资格。

3. 战队出发前，所有履带战车不得超出起点线，以履带战车全部通过终点线为活动结束。

活动回放

当活动带领者宣布规则后,各个小组的队员们分别开始行动起来,大家分工合作,有的将报纸一张张铺开,有的用胶带将两张报纸黏贴在一起。在商量制作履带战车时,有的战队成员决定要将履带装长一点,以免被踩坏。有的战队成员则主张将履带装短一点,这样可以提高前进的速度。不一会儿,各个战队都把自己的履带战车做好了。

接着,各组的队员纷纷站到战车上,这时,有的战队发现自己的战车做得有些短了,造成站在履带两端的两个队员只能弯腰行走。而有的战车却因为有些过长,影响前进的速度。看来理想和实际还是有差距的,于是各个战队又纷纷修补自己的履带战车了,希望在接下来的比赛中能够获得好成绩。

4个战队的履带战车都修补好了,比赛继续。有个战队一开始走得很快,可因为速度太快,大家没能统一步伐,因此,走一步破一张报纸,全组队员不得不停下再进行修补,最终速度反而更慢。因此,在后面的分享环节,有学生就说道:"有时不能一心求快,而忘了'稳'。慢有时不一定不好,欲速则不达。"另外,有的战队队员身高不一致,但在集体的智慧下,他们把最高的两个队员安排在最前面和最后面,其余队员站在中间,这样一前一后的高度确定好,整个履带的移动速度也就不会受影响了。看来智慧的力量是不可估量的。

参与者感悟

- 虽然我们制作履带战车的速度不是特别快,在行进的过程中,也被活动带领者罚停过1次,但是在整个比赛的过程中,我们关注到一个非常重要的细节,那就是我们的履带战车一定不能断裂,这一点是比赛前我们达成的共识。于是,我们充分利用胶带把履带战车粘贴得十分结实,同时,在前进的过程中,大家都小心翼翼,保证履带不断裂。最终,在大家的共同努力下,我们获得了胜利。因此,我觉得在比赛前和自己的团队成员沟通好,步调保持一致是最关键的。

- 在整个活动中,队长是非常重要的领导者,他建议我们通过统一的口令,让团队的前进步伐保持一致。同时,他还建议要用胶带来加固报纸与报纸之间

的连接点,防止履带断裂。另外,战队成员之间彼此要相互信任和理解,当有同伴因为着急,脚离开履带踏到地面被罚停5秒时,大家不但没有责怪他,反而齐心协力继续往前赶,这是我们最终获得胜利的关键。

专家点评

"履带战车"活动需要大家动手一起合作制作道具,在活动过程中,需要有领导者和跟从者。通过该活动,既可以培养学生的团队合作能力,也可以从活动中进一步发现每个学生的不同特点。如果是班主任在组建班级一个多月后来开展这个活动,则可以通过观察每个成员在活动中的表现,挑选班委的人选。同时能够对学生有更加全面的了解。

活动带领者需要做个有心人,将活动中的一些突发事件,例如,同伴之间的争执、活动的失败等作为分享的资源,引导学生能够从中有所感悟。如:"人心齐,泰山移""我是第一个,必须弓着腰,要不然报纸就会破掉。所以为了集体,牺牲一些个人利益也是应该的""有时人太多,大家都想出主意,只有建议者,没有执行者是不行的"等,通过活动提高学生的思辨和感悟能力。

活动36　盲哑人排队

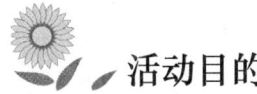

活动目的

1. 让学生体验沟通的重要性。
2. 让学生寻找除语言之外其他的沟通方式。
3. 让学生在体验和分享中，学习人际交往的技巧，提高人际交往的能力。

活动准备

1. 活动适合在室外空旷的场地进行，活动时间为20—30分钟。
2. 准备若干写有数字的小卡片。
3. 根据小组人数准备若干眼罩。
4. 活动适合在初中生中进行。

活动过程

活动概述：活动带领者将学生分成若干个10人小组，每个小组的成员从0—9的数字卡片中抽取一张，看完后收起来。然后，每个成员戴好眼罩，原地转三圈后,按照从大到小或者从小到大的顺序排成一列,活动过程中不能讲话,不能偷看。用最快的速度准确排成一列的小组获胜。

活动步骤:

1. 活动带领者要求每10人组成一组。请每个学生抽取一张数字卡片(卡片上写有0—9中的某一个数字),自己看过后,将卡片收起来,不能告知小组其他同学自己的数字是多少。

2. 小组成员戴好眼罩,通过合作,按照数字从小到大或者从大到小的顺序排成一列。

3. 活动过程中不能讲话,也不能摘下眼罩。如果有违反规则者则取消活动资格。

4. 每个小组排好一列后,确认无误时,可以摘下眼罩,由活动带领者来判定小组是否合作成功。

5. 小组各自分享,活动带领者进行总结和点评。

❋ **问题讨论**

✦ 在活动中,小组获得胜利的主要原因是什么?
✦ 在活动中,小组成员是通过什么方式进行沟通和传递信息的?
✦ 男生和女生在一起合作的过程中,遇到了哪些困难,最后是如何克服的?
✦ 活动带给你的收获有哪些?

带领者提示

1. 宣布活动规则后,要先给各个小组预留讨论的时间,然后再开始活动。

2. 活动过程中要确保每个学生只能看到自己的数字,严格执行不能讲话、看不到彼此的活动规则。

活动回放

当活动带领者宣布活动规则后，各个小组就开始讨论：如何在既不能说话又看不见彼此的情况下按序排队。有一个小组很快完成讨论，到活动带领者处抽取数字，拿眼罩。可是，当他们小组开始活动时，却乱了阵脚，大家都在原地转圈圈。观摩的其他小组成员则哈哈大笑，听到观摩同学的笑声，活动的同学更加不知所措。

后来，在分享的过程中，大家纷纷谈到失败的原因之一就是没有确定好0的位置，导致后面的同学不知道应该怎样排列。另外，虽然约定用拍手的方式告诉对方自己的数字是几，但是没有考虑到顺序的先后，于是大家都在拍手，却听不清对方拍了几下。在吸取了这一组的教训之后，下一组同学在活动中就显得顺利多了。

参与者感悟

- 这次活动不仅加深了我和同伴之间的友谊，而且让我意识到，我们不仅要学会讨论，形成一致的行动纲领，同时，严格执行纲领更加重要。就像今天的活动，我们在讨论时虽然达成了一致的意见，但由于大家在活动中没有按照约定严格执行，即前一位同学发出拍手声3秒之后，下一位同学再行动，导致4、5两个数字的顺序弄错了。看来落到实处的约定才是真正的约定。

- 在吸取了第一组同学教训的基础上，我们再次完善和明确了小组在活动中的共同约定。在既看不见彼此又不能说话的情况下，我们约定拿到0的同学先站到最右边，站好后跺一下脚。然后拿到1的同学站到他的旁边，拍一下手，拿到2的同学依次站过去，拍手两下，依次类推。活动中，我拿到了9，于是站在最左边。在大家共同的努力下，我们成功了！

专家点评

面对既看不见彼此又不能说话的限制条件，我们可以用定位法、拍手、在手掌心写数字等方法来传递信息，加强沟通。从活动引申到日常生活，除了语言之外，我们还可以使用多种方式进行沟通交流，加深彼此的理解！

如果团队成员完成了该活动挑战，则可以升级活动难度。例如，团队有40名成员，可以让他们一起参与，共同接受挑战。另外，可以将数字卡片编写为A1—A5、B1—B5、C1—C5、D1—D5、E1—E5、F1—F5、G1—G5、H1—H5共40个编号，要求大家集体讨论，如何在既看不见彼此，又不能说话的情况下按序排列。刚开始，同学们会认为这是不可能的，活动带领者可以启发、点播，鼓励大家进行实践。比如，将A—H划分为8个区域，各自站在约定的相应位置。同时，用在手心写数字的方式，告诉对方自己的数字是几。相信最终一定能够通过全体同学的齐心合力完成好任务。

活动37　南水北调

活动目的

1. 让学生体验合作与竞争的快乐。
2. 让学生体验探索与创新的魅力。

活动准备

1. 活动适合在室外空旷的场地进行,活动时间大约20分钟。
2. 根据参与活动的人数准备20毫升的小水杯若干个。根据小组数准备水桶和250毫升的蓄水量杯若干个,以及一个哨子。
3. 活动适合在初中生中进行。

活动过程

活动概述:每个小组按照纵队排列,每个参与者用嘴叼住一个空的小水杯。第一个同学舀水后将杯子里的水倒进下一位同学的杯子中,然后依次将杯子中的水传下去,最后将水倒入终点的水桶。在传递的过程中,手不能碰触杯子。在规定的5分钟内,蓄水最多的小组获得胜利。

活动步骤:

1. 以一个班级40人为例,活动带领者将全班同学分成4个小组,每组10人,形成4个竞争小组。

2. 所有的小组队员排成一列,每个小组位于首尾的两名同学,在传递水的过程中,可以用手来送水和蓄水。

3. 小组其余队员均需要用嘴衔住小水杯来传递水,在活动过程中手不可触碰到水杯。

4. 如果在传递的过程中,小组中的队员用手触碰到水杯,便扣除5毫升水量,如果超过3次,则被取消活动资格。

5. 如果在活动过程中,有队员的水杯掉落,在起始处的队员可以运送一个杯子给他。

6. 在5分钟内,蓄水量最多的小组获胜。

7. 全班同学分享感悟,活动带领者总结点评此次活动。

❊ **问题讨论**

✦ 在活动过程中,你遇到过哪些意外的事情?你觉得这个活动最难的部分在哪里?

✦ 男女同学在配合时,遇到了什么困难?又是如何解决的?

✦ 若小组有机会再做一次,你们会进行怎样的改善?在活动的过程中,还有哪些地方可以做得更好?

带领者提示

1. 在运水过程中,活动带领者一定要注意,是否有队员用手辅助传递水,如果发现,一定要严格按照活动规则执行,并进行记录。

2. 如果男女生在交接水杯中遇到尴尬,活动带领者要做好引导工作,化解尴尬。

3. 对低年级学生可以降低难度,改嘴衔水杯为手拿水杯,待有游戏经验后再提高难度。

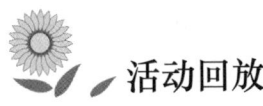

活动回放

刚听到这个活动规则时,整个队伍就炸开锅了,用嘴衔的方式来传递水杯,同性之间还比较好办,可是异性之间该如何传递呢?一时间,大家面面相觑,默不作声,小组在分工环节就停下了。正当大家不知道该怎么办时,男生文杰和女生小欣主动站了出来,为了小组共同的利益,他俩身先士卒,一前一后承担起传递水杯的重任。

随着一声哨响,活动开始了。每个小组都开始积极行动起来,可是因为要用嘴衔着杯子传递水,困难要比想象中更大,衔在嘴中的杯子一点也不听使唤,任凭脑袋怎么转动,水杯中的水就是无法送出。有时好不容易传递出去,但因为紧张,水又洒了出来,只能从头再开始。整个比赛的现场呈现出这样一幅场景:前面的队员忙得晕头转向,后面的队员只能看着干着急。

正当大家毫无进展时,有同学建议说,我们是否可以分步多次传递,即每次水杯中的水不要装得太满,分几次来传递。在他的建议下,小朱开始尝试这样做,效果不错。终于,第一杯水被传到了量杯中,大家的心情都很激动,于是继续努力。接下来的过程大家很紧张,每个同学都在不停地接水、倒水。在这个过程中,一不小心就非常容易把水洒掉,所以每个人都十分认真。经过多次传递后,同学们找到了窍门,于是在后面的过程中,每个同学都配合得比较好,只洒掉一点点水。最后,随着活动带领者的口哨声,活动结束。

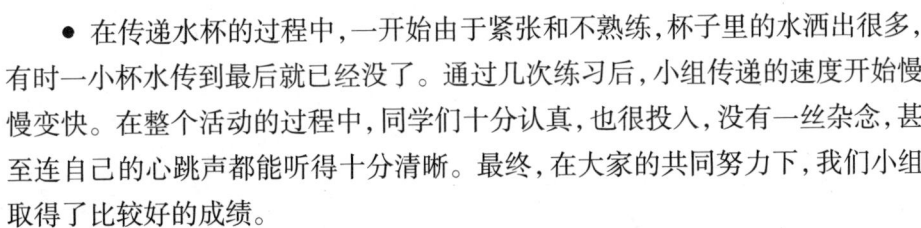

- 在传递水杯的过程中,一开始由于紧张和不熟练,杯子里的水洒出很多,有时一小杯水传到最后就已经没了。通过几次练习后,小组传递的速度开始慢慢变快。在整个活动的过程中,同学们十分认真,也很投入,没有一丝杂念,甚至连自己的心跳声都能听得十分清晰。最终,在大家的共同努力下,我们小组取得了比较好的成绩。

- 我一开始觉得处在首尾的同学很幸运,不必用嘴衔着水杯来传递水。可是在实际的操作过程中我发现,送出水的同学也不轻松,他要不停地蹲下去舀水,再站起来倒给第一个同学,尤其当有人不小心地把水洒掉后,他要不停地反复做这个动作。这个活动让我感到每个队员都不容易,只有大家将自己的工作做好,团队最后才能获得胜利。

专家点评

活动要求学生用嘴衔着杯子传递水,难度是很大的。需要活动带领者去激发、调动学生参与的积极性,鼓励他们主动去面对困难,并且要积极想办法克服困难。活动的过程其实也是一次男女生异性交往的互动,当男女生克服了彼此之间的尴尬,全身心地投入到活动之中,相信彼此之间的配合反而会比同性合作更加高效。

在活动中,如果有小组运用全组传递一杯水的方式,在规定的时间里,蓄水量达到最大。你们会如何评判?是对他们的做法产生质疑,觉得他们有作弊的嫌疑,还是会认为:事实上,他们确实是用嘴衔传递水杯,并没有用手。我们认为:在没有违反活动规则的前提下,他们创新了思维模式,全队上下团结一致,提高了效率,最终取得胜利,未尝不可。

 活动38　升降长棍

 活动目的

1. 让学生学会在活动中互相配合，互相协作。
2. 让学生在活动中感受个人与集体的关系。

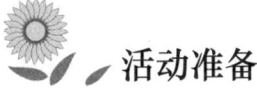 活动准备

1. 活动适合在开阔的场地进行，活动时间大约30分钟。
2. 根据人数准备若干根3米长的轻质塑料棍。
3. 活动适合在初中生、高中生中进行。

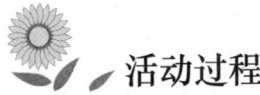 活动过程

活动概述：两组学生面对面站立，用双手食指在胸口高度水平托起一根3米长棍。在规定的5分钟时间内，集体完成将长棍水平举至齐眉高度，再水平下降至膝盖高度，次数最多者为胜。

活动步骤：

1. 活动带领者将全班学生分成若干个20人小组，每10人为一列，两两相对站立。每个人水平伸出双手的食指，放在胸口的高度。

2. 将长棍放在每个人的食指上，必须保证每个人的食指都能接触到长棍，并且手指都在长棍的下面。

3. 要求小组成员将长棍保持水平，然后上下移动，上举至齐眉处，下降至膝盖处。在5分钟的时间内，上下移动次数最多的小组获胜。一旦有人手指离开长棍或长棍没有水平往下移动，就算失败，需调整后继续进行。

4. 活动带领者督促学生严格按活动规则进行，引导大家在活动过程中思考并调整方法。

❈ **问题讨论**

✦ 在活动过程中，你感受最深的是什么？
✦ 在活动过程中，你听到大家议论最多的是什么？
✦ 在活动中除了用心之外，你觉得还应注意什么？
✦ 联系班级建设，除了要有清晰的目标外，你认为还需要具备什么要素？

带领者提示

1. 参与者只能用食指接触长棍，手指不能相互勾连，不得将手指压在棍子的上方，身体任何部位接触到棍子都属犯规。

2. 设立若干名观察员协助管理，督促所有的小组成员用食指托住长棍，在长棍保持水平的前提下，上下移动。

3. 为了使每个小组能够有序、有效地完成任务，可以要求各组推选产生组长、副组长各一名。在小组充分练习的基础上，再进行5分钟的限时比赛。

 活动回放

　　10个人的食指要托着一根长棍,还要在保持水平的前提下,上下移动,这的确是有难度的。团队中有人问活动带领者:"可以2个人做吗,这样容易。"回答:"不行,所有人都必须参加!"于是,大家又开始议论起来,好像都有方法,但谁都没有说出好的方法,一时间场面有些混乱。这时小组中突然有人站出来大声说:"大家保持安静,听我说,咱们要保持一致,听我口令,我喊1、2、3,所有的人就开始慢慢往下放,我再喊1、2、3,大家一起慢慢往上抬,好吗?"大家说,那就我们来试试吧!但是这根长棍好像难以驯服,虽然所有的人都全神贯注,但总是一头高,一头低,这边的人已经放下了,而另一边的人还在举着,长棍倾斜得厉害。于是,有的人食指离开了长棍。"停!有人食指离开了长棍,重新开始!"活动带领者毫不客气地说,并一次次要求小组成员将棍子重新归位。

　　团队中,有的成员开始抱怨道:"这种活动是不可能完成的,长棍太轻了!"有的成员开始指责别人:"都是××的错,我每次都发现他出错,你以后要注意点!"那位成员也毫不客气地回敬了几句,所有的人都把焦点集中在别人身上,好像都是别人在犯错。

　　活动现场争论不休,场面一时有些失控。这时活动带领者站了出来,大声说:"安静!安静!首先告诉大家,这个活动是一定能够完成的,但是大家必须想办法。"现场马上安静了下来,大家开始冷静思考。这时,有人提出建议:"问题的关键是我们要注意自己的手指,不要总去指责别人!"有人表示赞同,也有人表示怀疑,这时又有人说:"好吧,大家试验一下,大家都不要急着往下放,而是先轻轻地托着这个长棍,每个人找准感觉,只要我们能托起它,就一定能把它放下。"此刻,团队所有的成员都全神贯注,大家各司其职,注意力集中在自己的手指上,有的人看着有些紧张,这时,小组"领导"轻轻地说:"好,大家注意听我口令,1、2、3,下!"所有的人都开始轻轻地往下放长棍,这一次长棍虽然摇摆了几下,但却慢慢下降了。虽然这次还是有人犯规,但大家没有埋怨,而是鼓励犯规的人说:"没关系,这次我们已经比上次进步了,下次一定会更好!"

　　在这一阶段,大家从指责转变为鼓励,从关注问题转变为解决问题,由于彼此信任和积极解决问题的态度,成功的曙光也在慢慢显现。

参与者感悟

● 活动过程中，我们遇到了一些困难，因为长棍非常轻，有人动作稍微快了一些，同伴的手就会离开棍子，所以全组必须再回到原来的位置，重新下移。几次失败后，大家纷纷开始责怪动作太快的组员，那位组员也显得很无奈，急得都快哭了。这时，组长站了出来，让组员们统一听他的指挥，每个成员既要关注自己的下降节奏，也要关心同伴的下降节奏。尝试了几次后，我们终于成功了。我想：统一的指挥，加上所有队员的共同努力，对于我们今天的成功起着至关重要的作用。

● 这个活动让我明白了个人与集体的关系。假如让一个人用双手举起长棍，那一定非常简单，但如果用双手的示指完成举起和放下的任务，就会因力量不足而倍感困难。现在20人共同完成上下移动的任务，虽然支撑力量没有困难，但在互相协调上会出现很多问题。这个活动让我们思考，如何将个人的智慧与集体的力量相融合？个体之间没有合作，何来集体的力量？

专家点评

在这个活动中，如果一个人去完成这个任务是相当简单的一件事，但现在由一个团队去完成，如果团队中有一个人跟不上节奏，长棍将无法保持在水平的前提下上下移动。因此，活动的关键首先是全体参与者要齐心协力，朝向同一个目标，互相理解、配合，才能完成任务。其次，长棍从胸部开始下降至膝盖，其中非常重要的一点就是要进行目标分解，如可以将长棍从胸部下移至腹部的位置，然后再下移至膝盖的位置。如果将总目标细分成阶段目标，并层层分解到个人，让个人目标成为团队目标的一部分，每个团队成员就能发挥其最大的效用。当统一解决了下降时的问题，再进行举高就显得简单多了。

如同一个班级的建设，如果班级中的每个人都能认同班级的共同目标，互相理解、配合，这样才能完成许多不可能完成的任务。这是一个能够快速提升班级凝聚力的活动。

活动39　巧渡险滩

1. 通过活动，培养学生积极主动想办法克服困难，以及相互鼓励的团队精神。
2. 通过活动，培养学生坚持不懈的意志品质。

1. 活动适合在室外空旷的操场进行（选择一块相距15米的场地，标明起点与终点），活动时间大约40分钟。
2. 根据参与活动的人数，准备A4纸大小的硬纸板若干（作为木砖）。
3. 活动适合在初中生中进行。

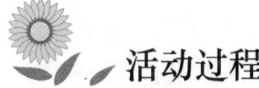

活动概述： 活动带领者要求小组成员必须利用硬板纸前进，在前行过程中，身体不能触碰地面。小组全体成员顺利到达终点即获得胜利。

活动步骤：

1. 活动带领者将全体学生带到操场，每12人为一组，按照人数均分成若干组。12人中选出一名主力队员担任突击队员。突击队员有两项任务：第一，观察其他小组成员是否触碰到地面；第二，在其他小组进行的过程中，可以乘其不备，抢夺他们组的"木砖"，供自己小组使用。

2. 活动带领者宣布团队挑战项目的名称为"巧渡险滩"。活动情境为：我们现在是一支部队的小分队，肩负着重要的任务，现在一条河挡住了我们的去路，天色渐渐已晚，危急中我们只找到几块木砖。

3. 所有团队的成员必须一次性过河。

4. 团队的可利用资源只有几块木砖（用A4纸大小的硬纸板代替），木砖必须要用脚踩住或者用手按住，否则木砖将被冲走（被其他组的突击队员抢走）。

5. 若有队员身体触及河面，全组被罚停10秒钟。

6. 全队移动距离为15米，所有的队员和木砖全部通过终点为活动结束。

7. 活动带领者对活动进行总结和点评。

❄ **问题讨论**

✦ 你们小组相互之间是如何配合完成任务的？

✦ 你认为在这个活动中获得成功的关键因素是什么？

✦ 你在活动中获得的收获和感悟是什么？

带领者提示

1. 活动带领者宣布规则后，要再一次确认所有成员都已经清楚，给大家预留10分钟时间进行练习。

2. 必须严格执行队员身体不能接触地面的活动规则，否则全队被罚停10秒。

3. 因为是团队合作活动，建议每个组确定1—2名组长。

活动回放

各个组的成员在明确活动规则后,立即围成一圈展开热烈讨论,为了使身体不触碰地面,有一个小组的全体组员竟然纷纷把自己的鞋子脱了,准备赤脚前进。而另一个小组则开始商量整个队形的排列顺序,经过一番体验后,大家觉得第一个队员会比较辛苦,因为要一直弯腰摆放木砖,所以,各个小组中身强力壮的男生需要勇挑重担,来到队伍的最前端,作为排头兵。可是没有想到的是,活动带领者竟然宣布,每个小组要选取一名看上去最强壮的成员担任突击队员,即作为观察员,观察其他小队成员是否身体触碰到地面而犯规,同时也可以乘其他小队不注意,抢夺他们小队的木砖。就这样,各个小队不得不重新调整队员的顺序来积极应战。

10分钟的讨论和演练很快结束了。比赛开始1分钟后,突击队员小尹非常灵活,在其他几个小队转悠,趁他们稍有疏忽时就迅速出手,抢夺到2块木砖,为自己小组争取了可利用的资源。队友小雪巾帼不让须眉,一马当先,带领大家前行,同时,队员们互相鼓励,不急不躁,稳步前行,不给周围其他队的突击队员一点可乘之机,最终获得了胜利。

参与者感悟

- 作为队长,在比赛中,我本来是另有一套方案,但是大多数队员已经习惯之前的方式,时间不允许我们继续尝试,因此我迅速调整想法,并与队员们达成共识,同时保持小心翼翼的心态,稳步前进,另外再加上小尹为我们获取了木砖资源,所以小组最后取得了胜利。通过活动我觉得作为团队的队长,要及时采纳队员的意见,服从团队的既定方案,不能一意孤行。

- 本次活动对集体而言,是对团结协作的考验;对个人而言,是意志和耐力的磨炼。活动前各团队成员要充分讨论,审时度势,群策群力,达成共识,制定最佳方案。在演练过程中,我发现原先的设想还有不完备的地方,这时就要求团队成员们能及时调整。在活动过程中,我们不断调整大家的状况,当大家感到疲惫时,我们就放慢速度;当大家恢复体力后,我们再加快些速度。同时团队要有极强的凝聚力,互帮互助,加油打气。这些都是我从活动中获得的感悟。

专家点评

　　这是一个非常能够凝聚人心的活动。在整个活动过程中,需要大家为了达成目标而积极出主意、努力想办法,不斤斤计较个人的得失,服从集体安排,并且要有牺牲小我顾全大局的意识。因此,团队中的每个人都非常重要,要求每个人都必须有所作为,必须勇敢前进,因为每个人的表现都会影响团队的成绩。

 活动40 轻于鸿毛

1. 在活动中,让学生体验成功的快乐。
2. 让学生从过往的生活中寻找成功的经验。

1. 活动场地室内、室外都可以,活动时间大约30分钟。
2. 准备计时器1个,羽毛8根,羽毛容易折断,可多准备一些羽毛备用。
3. 活动适合在小学高年级、初中生中进行。

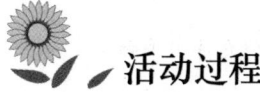

活动概述：小组成员围个圈,通过集体力量和独特方法让一根羽毛在空中飘浮更长的时间。通过活动感受成功的快乐,也让学生感悟活动方法和技巧、合作和坚持带来的成功。

活动步骤：

1. 将全班同学分成若干个组，以8—10人为一组。另外，再确定1名计时员和1名观察员协助工作。

2. 小组成员围圈站立，每组发放一根羽毛。让小组成员进行5分钟的讨论与练习，如何让羽毛在圈内的半空中飘浮更长的时间。

3. 小组完成讨论和练习后，进行分组比赛，若羽毛触及人或物体，便视为结束。羽毛在半空漂浮时间最长的组获胜。

4. 若时间许可，可进行第二轮比赛，或加强活动的难度。如：站在原地不动，同时令两根羽毛飘浮在半空。

5. 比赛后，请各组讨论成功胜出与暂时落后的原因，让优胜组派出代表进行全班分享。

❄ **问题讨论**

✦ 一根轻轻的羽毛如何可以在空中长时间的飘浮？

✦ 小组成员是怎样分工的？你觉得自己尽力了吗？

✦ 当羽毛即将落地时，你做了怎样的努力？是否有更好的方法可以让羽毛飘得更久？

带领者提示

1. 若有小组未能令羽毛飘浮在半空，请活动带领者给这些学生多一些时间练习，最后让他们"表演"，以免在课后留下挫败的经验。

2. 派发羽毛后，便立刻开始比赛，以免学生弄断羽毛。

3. 活动也可以用小的气球代替。如果想降低难度，则可以允许用手触碰。

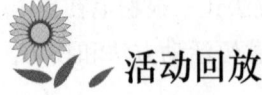 **活动回放**

活动带领者根据参与的人数，将班级同学分为8—10人一组，分组完成后，

可以安排小组讨论产生组长。宣布活动规则后，提出问题："在接下来的比赛中，各个小组要思考一下，你们将如何令一根羽毛在半空飘浮10秒钟呢？"引发各小组学生思考，经过5分钟的讨论与训练后，再进行比赛。第一组的学生采取高空抛羽毛的方式，羽毛慢慢的从高处飘落下来，学生用手进行扇风，保持羽毛飘浮在空中。

第二组学生商量的方法是小组的全体成员用口来吹气，力求羽毛飘浮在空中，学生们齐心协力，羽毛在空中保持了8秒钟。

第三组的学生将羽毛抛在空中后，由于圆圈太大，没有很好的协作，羽毛很快就落在地上，时间为4.5秒，结果他们小组的人开始互相指责，发生了矛盾。

第四组的学生拿了纸张在羽毛底下扇风（此办法被活动带领者制止，要求不能借用其他工具），保持羽毛的飘浮状态。

在活动分享环节，第二组的同学认为要想成功完成这个活动，最重要的是组员必须齐心协力吹气。后来他们行动一致，活动获得成功。由于第三组的学生一开始就没有统一步伐，所以羽毛也就不可能保持在空中许久了，因为没成功，大家都有点生气，团队团结受到影响。

参与者感悟

- 在这个心理活动中，我懂得了要学会观察生活中的细节，便可找到成功的经验。而且"成功"是主观的，每个人都可以有自己的定义，无需与别人比较，但是可以借鉴别人的成功经验来帮助自己。每个人都有成功的经验。我们肯定自己的能力，会令我们再接再厉，做得更好。当然，成功也需要团队的协作，在协作中增加成功的概率。

- 要想让羽毛不落地，需要有一个合适的力托举它。虽然羽毛很轻，但它还是会受到万有引力的作用。我们小组讨论决定，一开始由一位同学把羽毛尽可能的向空中吹，然后再看情况，羽毛在谁的头顶就由谁轻轻地吹，用气要稳，只要大家有条不紊地合作，才能让羽毛飘浮在空中很久。开始时，也有的同学因为用力过大，造成羽毛难以控制，结果羽毛很快在我们的手忙脚乱中落地。通过活动我最大的体会是，巧力优于蛮力，遇到问题时理性思考远远胜于盲目的热情。

专家点评

"自我效能感"是个人对自己是否拥有能妥善完成特定行动的能力的判断。其影响一个人的感受、思想、行为和做事的毅力。自我效能感受一般有五种因素影响,包括:(1)个人的成功经验;(2)从他人的成功经验中得到鼓舞;(3)想象成功的经验;(4)旁人的观感和意见;(5)身心情绪状态。自我效能感比较高的人遇到挫折或失败时,他们不会否定自己的价值,反而会尝试掌握有用的知识和技能,增加获得成功的机会。现在的学生大多缺乏耐心,碰到困难就退缩,提高学生的自我效能感很有必要。在这个活动中,让学生了解成功并非一步登天,亦非是遥不可及的事情。每一个人只要努力,只要不放弃都可以获得成功。在活动中,让学生通过体验去获得成功,效果会更好。

如果在小学高年级的小朋友中开展这个活动,如果觉得羽毛太轻难以控制,就把羽毛改为小气球,第一轮让小朋友可以使用手托、头顶等办法让球不落地。第二轮要求不能用身体的任何部位碰到球,于是他们自然就会想到用嘴吹、用书本当扇子扇,从而难度提高,学生们的积极性也提高了。所以,活动可以设置不同等级的难度,让学生们自愿地接受挑战,并在完成任务后收获成功的喜悦。

活动41　挑水接力

1. 让学生认识合作的重要性,从而培养合作精神。
2. 培养学生的冷静、机智和勇敢。

1. 活动适合在户外宽阔的平地上进行,时间大约35分钟。
2. 准备小桥1座(预先安装)、扁担4根和用于挑水的小号塑料桶8个、中号塑料桶1个、大号塑料桶9个,以及秒表1个、鼓1个、锣1面、红绸带4根(每根长约5米)。
3. 活动适合在初中生、高中生中进行。

活动概述:小组成员合作,拿起扁担挑着水,过桥后将水倒入桶内,原路返回继续接力,10分钟内,以终点水桶中水量多者为胜。

游戏步骤：

1. 自由组合，要求每组男女各两人共计4人，外加3名协助员，1名负责协助缠绕红绸带，另外2名负责装水。

2. 组员排列顺序为：第一位组员男性，第二位组员女性，第三位组员男性，第四位组员女性，如第一轮完成后仍有时间，须按第一轮的男女顺序继续接力，直至10分钟时间结束活动带领者鸣锣收兵。

3. 参加比赛的组员用扁担挑起两只盛水的小塑料桶跑向终点，并将桶中的水倒入终点处的大塑料桶中，然后带塑料小桶回到起点，由协助人员装满水再让下一位组员出发运水。

4. 本活动时间为10分钟，4位组员均要参与活动，最终根据运送水量多少排名。

❋ **问题讨论**

◆ 在打水和缠绕红绸带的过程中，你观察到了什么？
◆ 在小组活动中，如果组员出错，你会指责他吗？为什么？
◆ 在这个活动中如想获得成功，你认为最重要的因素是什么？
◆ 本活动带给你的思考和感悟是什么？

带领者提示

1. 建议将4个大的塑料空桶放在终点，4个装满水的大塑料桶放在起点，1个装满水的中号塑料桶放在起点处备用。

2. 活动带领者发出预备口令时，将扁担放置在第一位组员身旁；两位协作员各提起一桶水准备挂上扁担，一位协作员手拿红绸。等听到"开始"的口令后，在第一位组员腰上缠绕红绸带，并在扁担上挂水桶。

3. 装水及缠红绸带的任务必须由协助员完成，本组其他组员和非本组组员都不能提供任何帮助。

4. 若组员在过桥时不慎掉下，需从桥头重新开始比赛。

5. 若有组员在中途倒地,可以爬起来后继续比赛,若倒地后水全部洒掉,可以返回起点盛水后继续比赛。

活动回放

本活动有一定的难度,给学生带来比较大的挑战。学生在兴奋与激动的情绪下参与活动。对学生来说,挑两桶水大概是一件不容易完成的任务,特别是在挑水过桥时,更是困难重重。许多同学不小心从桥上滑落下来,造成人仰马翻,桶中的水都洒了出来。所以,在游戏活动中,需要小组成员之间相互理解,参与者要胆大、心细,协助员要支持和鼓励组员。

开始活动时,在组员腰上缠红绸带花时较多,影响了速度。后来,有小组成员途中水桶滑落,水全部洒落在地上,导致重新回去装水,浪费了许多时间。另外,还有的小组组员做事鲁莽,在活动中"洋相"百出,甚至出现气馁和放弃的情况。

当然,我们也看到比较出色的表现,如第三组的7名同学配合默契,做事十分细心,在挑水的过程中没出现大的失误,又快又好地完成了任务,取得令人满意的成绩。

参与者感悟

● 这个游戏很有挑战性,需要参与活动的组员既要大胆、机智,又要相互合作、鼓励。在活动的过程中,有的组员做得很顺利,体现出其做事胆大心细;有的组员做得不顺,就会担心,甚至信心不足,这时候需要小组内的同伴给予鼓励和支持,团结起来共同应对困难。我觉得自己很幸运,我们小组的同伴都非常团结,大家一起面对困难,给我很大的鼓励。我一直很担心自己会拉后腿,还好在活动中我的失误不大,没有影响到小组的成绩,我比较喜欢这个活动,它让我体验到同伴协作的魅力。

● 我从小到大从来没有挑过担子,所以我选择了做协助员,负责装水。这项任务看似简单,其实是很辛苦的,要用最快的速度向桶中装水,这是一个体力活。但我想,在活动中每个人都不轻松,只有大家都尽力了,小组才能获胜。活动结束时,我已经成了"落汤鸡",但看到挑水者满头大汗,里外都被水湿透时,我身上的这点水就显得微不足道了。活动让我明白了"欲速则不达"的道理,如有时看似跑得很快,但水桶中的水很少,最后倒入大桶中的水比其他组少。所以,做事一定要保质保量才好。

专家点评

"挑水接力"活动对学生们来说,具有较大的挑战性。因为现在的孩子,平时的主要任务是读书,他们想象力丰富,"纸上谈兵"也是高手,但遇到体能活动,常常会出现手忙脚乱地窘态。在碰到困难时,也会表现出缺乏吃苦的精神。比如在"挑水接力"中,有部分学生不愿意担任"挑水员",更希望做轻松的协助员。所以活动带领者在带领的过程中,要注意观察学生的角色选择,可以考虑在第一轮活动时,采取自由选择角色。在第二轮活动时,要求调换角色,即每个学生选择担任第一轮活动中未承担的角色,并用自己的经验帮助新角色。遇到不愿意担任"挑水员"的同学,尽量做好启发工作,让他们放下包袱,积极体检。

活动带领者要引导学生思考:"我在小组中的角色功能是什么?""为了小组取得好成绩,我可以做的贡献是什么?""自己是否可以尝试新角色,获得新收获?"对高中生来说,感悟的收获,要胜过体验的快乐。面对尝试需要信心,面对失败更需要勇气,活动能够使学生们增强信心,提升勇气。

活动42　我说你画

 **活动目的**

1. 让学生学会清晰表达和准确回应。
2. 让学生学会多角度理解并准确表达。
3. 让学生学会用心倾听和双向沟通。

 **活动准备**

1. 活动场地以带黑板的教室为宜,活动时间大约30分钟。
2. 准备多幅图片(图3-1)。
3. 活动适合在初中生、高中生中进行。

图3-1　准备图片

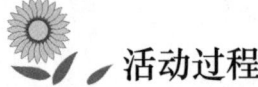

活动过程

活动概述：此为两个人配合的活动，一人看图后进行描述，一人背对着描述者，通过听描述者所说，猜出图画内容。一轮结束后互换角色再体验。

活动步骤：

1. 根据总人数形成若干个两人小组，一个同学做倾听者，一个同学做描述者。

2. 活动带领者向各组的描述者出示图片，并确保倾听者无法看到。然后请描述者向倾听者描述图片的内容，要求倾听者背对着描述者，根据描述者的描述画出图片的内容。倾听者不许提问。

3. 描述者在言语表达的过程中，不能说出涉及图片内容的字和词语。

4. 第一轮结束后，两个同学交换体验角色，重复上述活动。但在第二轮活动中，倾听者可以多次提问，描述者可以多次解释。

5. 请参与第一、第二轮的同学谈活动后的感受。

❄ 问题讨论

✦ 你觉得描述者的表达清楚吗？
✦ 你感觉倾听者理解你的描述吗？
✦ 一般沟通的障碍出现在哪个环节上？
✦ 你觉得怎样的沟通才是真正有效的？

带领者提示

1. 两轮活动可以是同一组的人重复做，也可以是不同组的人做。在分享环节，重点关注画的特别成功和画的特别不成功的学生，让他们谈谈自己的感受与经验。

2. 选取的图片内容要简洁，评价画得是否成功的标准是以形状、大小、位置是否准确作参考。

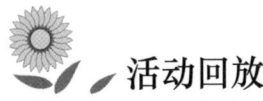 **活动回放**

在第一轮活动中，倾听者不能提问，他们所画的画相似度很低，在第二轮活动中，允许倾听者提问，并得到详细解释，画的相似度比较高。针对这个现象，活动带领者提出思考题："活动中，出现上述现象的原因是什么？你的体验和感悟是什么？"同学们在交流中，总结出以下理由：人际沟通是一个双向的过程；单向的沟通是效果不好的；有时候你所表达的并不一定就是别人所理解的，你所听到的未必就是别人想表达的；沟通并不是一件简单的事情，需要双方不断反馈、调节沟通方式，才能达到沟通的最佳效果。

在这个活动中，参与第一轮活动的学生，倾听者和描述者因为任务完成的不理想，情绪有些沮丧，原来认为这是个比较简单的任务，怎么做起来却没达到预期的目标呢？经过第一轮的尝试，第二轮同学接受了第一轮同学的经验，又可以提问，描述者讲的特别清楚，成功的概率高了，第二轮的同学看到自己成功十分开心，很有成就感。

参与者感悟

- 我参加的是第一轮的活动，做之前我是信心满满的，心想不就是描述一张图片吗？多简单的事，但在实际做的时候，我怎么讲，我的搭档都理解不了，画的实在相差太多，我有点挫败感。在反思环节，我懂得了，人与人的沟通，需要双向进行，单向的沟通，会使听的效率大为降低，就像班主任经常给我们讲一些事情，他讲了很多，我们都没听进去，效果自然就不好了，以后要学会多倾听，多提问。

- 我参加了第二轮的心理活动，我觉得自己非常幸运，因为我看到第一轮的问题，在我做描述者的时候，就可以用各种方法来描述。根据倾听者的提问，进行细节的描述，像什么物体啊，什么颜色啊，哪个方向啊，我和同伴配合得很好。当我们活动结束时，看到了黑板上几乎一模一样的图画，我们两个很有成就感，也体验到在以后的人际交往中，特别是和爸爸妈妈的沟通中，要双向进行，不断地提问和澄清，这样的沟通效果才会好。

专家点评

这个活动有利于提高团体的管理效率，对于特别善于表达的学生，他们会在团体中很有耐心地解释，对于同伴的问题也会认真倾听，解释到位，多次的澄清，小组的任务就会完成得非常好。对于团体的管理，需要活动带领者和同学进行有效的沟通，让学生在活动中体验会更好，远胜于单纯的说教。

有许多老师在班级管理中，一直比较头痛的现象是学生对于老师讲的话，总是左耳进右耳出，怎么说都没用。而如果尝试着在团体中做这个活动，让参与者做主角，让他们找问题，让他们分析问题，共同解决问题，相信这样的效果一定不错。

美国管理学家彼得曾提出过一个非常著名的理论，叫"木桶理论"。大意是：一只木桶想要盛满水，必须要求每块木板都一样平齐且无破损，如果这只桶的木板中有一块不齐或者是某一块木板下面有破洞，这只桶就永远也无法盛满水。也就是说，一只木桶能盛多少水，并不取决于最长的那块木板，而是取决于最短的那块木板。

大家都强调团队的重要性，而且每个组织的管理者都会积极地进行团队效率的建设。对于一个木桶来说，最长的木板能够最大限度的增加木桶的容量，但是同时，最短的木板又在对最长的木板起着限制和制约的作用，所以，最短的木板才是决定团队战斗力，或影响团队综合实力的关键因素。提升团队效率的方法有很多，特别重要的有以下几点：一是尊重，彼此信任，作为团队的一员都要尊重其他人的工作地位，相信他人的工作能力；二是宽容，善于沟通，建立一个和谐的工作氛围，让大家感受到团队的温暖；三是要有竞争和学习意识，不断提升自己，提高自己的执行力；四是明确目标，一旦设定不要轻易修改，但可以修正工作方法；五是合理分工，分工时充分考虑团队成员的个性，安排工作必须扬长避短，充分发挥每个人的长处；六是系统管理，主要是个体与整体之间的高效配合应用，要发挥个体优势，利用整体智慧，组成一个完整的管理系统。

活动43　蜈蚣竞走

1. 让学生体验合作与竞争的快乐。
2. 让学生体验坚持与责任的重要。

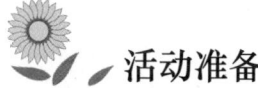

1. 活动适合在室外比较空旷的地方开展,活动时间需要30—40分钟。
2. 根据参赛队伍的多少准备秒表若干只。
3. 活动适合在初中生中进行。

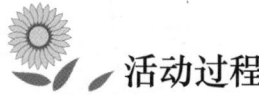

活动概述：这是一个以班级为单位参加比赛的集体活动,在班主任的带领下,全班同学形成一条长长的"蜈蚣",每个人以下蹲的姿势向前移动,要求完整、快速地到达终点,用时最短的班级为胜。

若组织班内活动,可以根据班级的学生人数,平均分成两组,每组人数相同

即可;若组织年级游戏,可以根据人数最少的班级来确定参赛人数。

活动步骤:

1. 以班级为单位参与比赛,每支队伍由班主任老师带头,师生组成一条长长的"蜈蚣",后面同学的双手要搭在前面同学的肩上。

2. 在比赛过程中需要下蹲行走,如中途队伍断开,则必须在原地重新列队接上。

3. 听活动带领者发出统一口令,方可出发,从起点到终点的距离以30米为宜,并以队伍最后一名同学通过终点为结束,用时最少的班级获胜。

4. 小组分享活动过程中的得与失。

❋ **问题讨论**

◆ 一条长长的"蜈蚣"是如何形成的?谁担任"蜈蚣"的头、尾和身体?

◆ 在"蜈蚣"前行的过程中,男女生是如何配合的?

◆ 为了保证"蜈蚣"的顺利前行,你有怎样的建议和经验可以分享?

带领者提示

1. 活动带领者介绍完活动要求后,一定要为各支队伍预留熟悉规则和练习的时间。

2. 在行进过程中,如果"蜈蚣"断开或有人站立起来,此时要停下,重新按要求列队后再进行。

3. 因为参加比赛的人数较多,所以最好聘请观察员做协助和记时工作。建议设立"蜈蚣头"和"蜈蚣尾"的标记,有利于观察和记录。

4. 如果班级人数较多,可以分男生组和女生组分别展开比赛,也可尝试异性学生共组。

 **活动回顾**

正式比赛前给各班级预留练习的时间,于是,大家开始积极准备。有的班级,后面的同学环抱着前面同学的腰,用这种方式保持前进队伍的稳定;有的班级男女生之间不好意思环抱连接,只好选择双手搭在前面一位同学肩膀上的做法,总之大家八仙过海,各显神通。很快,各班级都将自己的队伍顺序排好了,有的队伍是班主任带头,班级同学非常兴奋;有的队伍男生在前,女生在后;另外,还有的班级是体育能手在前领头。

在第一次尝试的过程中,大家感到一支30多人组成的队伍,要快速齐步前行,保持不断裂,还真不是一件容易的事。在行进的过程中,必须要有一个人要喊口令,来保持大家步伐的整齐一致。同时,在行进到一半路程时,领头人不能光顾自己,一心往前赶,必须考虑到后面队伍的脚步,做好统筹协调,不断调整脚步的快慢,否则就容易出现队伍断裂的现象。此外,在整个活动过程中,每一个同学都不能起立,必须下蹲前行,这也是在考验大家的意志力,看看大家能否为了集体的荣誉坚持不懈。

在这个活动中,每个同学都很重要,并且彼此影响。最后的获胜离不开每一位同学的助力,在前行的过程中,如果有一位同学无法坚持,整个队伍就会停滞不前。在活动中,大家都十分努力,不轻言放弃,这种相互鼓励激励着团队中的每一个人。

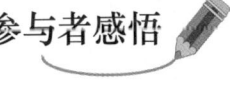 **参与者感悟**

● 在这个活动中,我感受到同学之间团结一致,步伐一致的重要性。如果有一个同学跟不上步伐,整个团体就会受到影响。因此,团队中的每个人都十分重要。这个活动需要同学们的坚持,虽然蹲着前进很累,但只要能够坚持,就一定会取得胜利。这份坚持缘于班级全体同学拥有一个共同的目标,那就是为班级争光。

● 我们班的"蜈蚣头"是班主任蔡老师,考虑到前面的同学比较辛苦,所以男生排在前面,女生排在后面。只听一声令下,班长喊1,我们迈左脚,班长喊2,我们跨右脚。虽然在比赛的过程中,我感到腿很酸,但是我看到其他同学都在默默奋斗，于是一咬牙，一跺脚就坚持了下来。虽然我们没能拿到第一，但是，活动中体验到的班级之团结和凝聚力，仍然令我感到愉悦。

专家点评

  这是一个能够提升班级凝聚力的活动，通过活动的开展，每个同学在积极体验的过程中都能够感受到每个人的重要性。活动前需要进行充分的准备，例如，男生在前，女生在后，还是男女交叉行进。无论是哪一种方式，都必须强调团队的配合和彼此的包容。

  参与活动时的心态特别重要，心态包括两个方面：一是态度，二是心情。准备的态度要认真，同时保持一种适当的动机，反而会对获得好成绩有所帮助。在活动过程中，共同的目标，统一的口令让大家能够保持步调一致，同时也能为团队打气鼓劲，让大家向着共同的目的前进。当然喊口令的人选，如果由"蜈蚣头"来担任会更好，因为他掌握着整个队伍的前进速度，口令决定前进的节奏。对这些小技巧的关注会使获得成功的可能性变大。

活动44　扑克牌接龙

活动目的

1. 让学生体验在合作中竞争,在竞争中学会合作。
2. 让学生明白强化团队合作可以提高效率,方法正确是制胜的法宝。
3. 通过活动让学生学会总结经验,激发竞争意识。

活动准备

1. 活动场地以室内为宜,活动时间大约30分钟。
2. 准备扑克牌若干和1个秒表。
3. 活动适合在小学高年级、初中生中进行。

活动过程

活动概述:本活动要求小组成员有效合作,用最短的时间将一副扑克牌中4个花色的14张扑克牌按序排好,用时最短的组获胜。

活动步骤:

1. 活动带领者首先将全班学生分成若干个6人组,并确定计时员1名、观察员1名。

2. 每个小组在1张桌子前围坐,桌上摆好1副完整的扑克牌。

3. 要求小组成员把牌洗好,即打乱所有牌的顺序,再将扑克牌扣过来摆在桌子中央。

4. 活动带领者发出"开始"的口令后,6个参与者一起合作把扑克牌按4种不同花色的1—2—3—4—5—6—7—8—9—10—J—Q—K—A顺序排好,并且将大王、小王挑出交到观察员手中后活动结束,以用时最少的组为胜。

❋ **问题讨论**

✦ 如何才能做到有序而又快速地将54张扑克牌整理好?

✦ 全组6个人是怎样分工的?

✦ 该游戏给自己带来怎样的启发?

带领者提示

1. 最后54张扑克牌的呈现可以是牌面朝上,这样便于一目了然地检查是否真正完成了任务,也可以将扑克牌合扣在桌子上,让各组自报是否已经完成,活动带领者通过抽查的方法确定结果。这样可以在信任的基础上培养学生诚信、自律的品格。

2. 为了增加难度,可以让每个小组在排序中,将两个花色的扑克牌以1—2—3—4—5—6—7—8—9—10—J—Q—K—A的顺序排列,而另两个花色扑克牌以A—K—Q—J—10—9—8—7—6—5—4—3—2—1的顺序排列。

3. 在进行比赛前的洗牌环节,为了公平起见,每个组必须将自己已经洗完的扑克牌按顺时针的方向交给另一个小组使用。

4. 为了让活动更好地进行,可以给学生3分钟的交流沟通时间,因为6个学生通过商量后制定的方法常常是有效的。

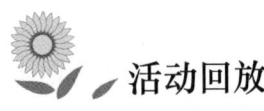

活动回放

这是一个充满竞争与快乐的活动,同学们在活动中充分体验了组内伙伴之间的合作,同时也感受到组与组之间激烈的竞争。因为54张扑克牌,6个成员,如何合理分工,有效配合是需要沟通后形成默契来完成的。有的小组出现了手忙脚乱的状况,也有的组出现了相互埋怨的情绪。在这种情况下,小组成员中是否有领头者产生是至关重要的。

活动带领者在结束一轮比赛后,引导各小组进行反思:(1)在活动中最有效的方法是什么?(2)有的小组完成任务的速度很快,分析一下他们获胜的关键是什么?(3)分析完成任务速度比较慢的原因是什么?如何改进?如何提高速度?

经过小组讨论后再进行下一轮比赛,各组的速度明显加快,学生在分享中认为:其实活动任务难度并不大,成功与否的关键在于竞争中要有良好的合作,合作中要有领头者统一指挥,组员之间碰到问题要求同存异,不要互相指责。

参与者感悟

- 我喜欢这种竞争性的活动,我们小组合作得非常好,大家的决定是:首先请2位同学用最快的速度把扑克牌按4种花色分开,其余4位同学拿到牌后立刻将扑克牌按活动规则的要求按14张牌有序排好,其中一位同学把"大王"和"小王"牌拿出交给观察员。我们获得第一名,非常骄傲,我们组真的很棒。

- 我觉得这个活动可以激发我们的竞争意识,虽然我们小组不是第一名,但我们小组的同学配合还是不错的,我们都尽最大的努力了,我们共同想办法,一起应对困难,非常团结。特别是在第二轮的比赛中,虽然活动带领者没有要求把排好的扑克牌数字面朝上放置,但我们遵守诚信,不做假,不偷懒,按要求完成任务,我们懂得自律与自尊。

专家点评

这是一个竞争性比较强的心理活动,参与者首先要掌握操作步骤,懂得活动的目标。活动中根据参与的具体情况,提出针对性的问题。

活动带领者必须重视心理活动后的信息反馈。本活动可以在新组合的团体中开展,成员之间不太熟悉,通过这个活动可以增加成员间的合作。经过几轮活动,各小组有领导力的成员就凸显出来了,将有助于活动带领者发现团体中有领导力的成员,也有利于成员间彼此熟悉,提高了成员的竞争意识。

此外,还有一个做法供大家参考,可以采用12人为一个大组,每个组给2副扑克牌,共计108张,要求最后完成一个由8条接龙的扑克牌组成的,向外放射状排序的图案,其中红色的牌按1—2—3—4—5—6—7—8—9—10—J—Q—K—A排列,黑色牌按A—K—Q—J—10—9—8—7—6—5—4—3—2—1排列,最后检查结果时,不仅排列顺序要符合要求,而且图案画面要美观,这就要求各组成员在完成排列任务后,要有修改图案的精细步骤。12个人除了需要精确分工,还要同力合作。活动要求不仅快速,而且完美。

# 活动45　自行车慢骑赛

1. 让学生在活动中锻炼平衡控制力,强化身体的协调能力。
2. 让学生体验团队合作的快乐以及竞争的魅力。

1. 活动适合在室外进行,时间大约30分钟。
2. 准备若干辆型号相同的自行车,以及米尺和秒表。
3. 准备起点、终点及其赛道的标识线,赛道若干条,每条长20米、宽1米。
4. 活动适合在高中生中进行。

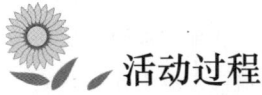

活动概述:活动带领者为每组同学分配一辆自行车,要求每组参赛成员以接力的形式,用尽可能慢的速度从赛道起点骑至终点,记录小组成绩。累计用时最长的小组获胜。

游戏步骤：

1. 活动带领者将学生分为若干个由男女生共同组成的6人小组。

2. 小组讨论决定由4名同学作为参赛队员，两名同学担任协同保护员。起点和终点处各有两名参赛人员候场。

3. 比赛开始前，车前轮不得越过起点线。比赛开始后每组计时员开始计时，参赛者双脚离地骑车前进。

4. 在慢骑的过程中，只能前进，不能后退，也不得原地转圈，并且身体的任何部位不得接触地面（不能倒下），如接触地面则停止计时，直至双脚离开地面计时继续。如果脚或身体落地一次，需要减时3秒，以此警示。

5. 自行车后轮压在终点线上时，停止计时。再由第二名参赛者从终点处向起点慢骑，继续完成比赛，直至4名参赛者依次全部完成慢骑任务。

6. 计时员将每组4名参赛者所用的时间累加，用时最长的小组获胜。

7. 小组讨论和分享获胜的成功经验，或落后的失败教训。

8. 活动带领者总结点评本次活动。

❋ **问题讨论**

✦ 小组成员中的6名同学是如何分工的？4名参赛人员是如何产生的？

✦ 当你想方设法将自行车慢骑时，它与平时的快骑有哪些差别？

✦ 在小组合作的过程中是否有意见分歧？矛盾是如何解决的？

✦ 这个游戏带给你最大的感悟是什么？

带领者提示

1. 由于本活动使用自行车做道具，因此要切实保障比赛过程中个人的行车安全，如多个小组同时比赛，相邻赛道选手的安全问题也要得到保障。避免参赛成员摔伤、撞伤。

2. 为了保证活动的公平性和可操作性，建议自行车选择适合女生的24寸大小为宜。

3. 起点到终点的长度设置要适宜,过长会让选手疲惫且比赛冗长拖沓,过短又难以体验慢骑的魅力,建议控制在15—20米。

4. 活动带领者在分组时要考虑到男女生的协调搭配,建议限定为男女各两名参与比赛。

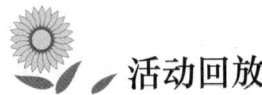

活动回放

自行车作为一种常用的交通工具,对学生来说并不陌生,不过用它来参加比赛活动却不常见。所以当活动带领者宣布要进行骑自行车比赛时,同学们表现得非常兴奋。特别是当活动带领者说明此次比赛是比"慢"而非比"快"的活动后,大家都显得十分诧异。

比赛开始前,首先面对的是小组分工问题。有的小组很快就有领导者的角色出现,担任组长,并与组员共同沟通选出参赛人员与两名协同员。有的小组对于角色分工没有强烈的意愿,于是采用抽签的形式决定。另外,有一个小组出现了意见分歧,大家都想参赛而不愿意做协同员,小组内还闹得很不愉快,活动带领者上前调解,为他们解释了协同员的重要性,也建议他们采用抽签的形式,尽快确定参赛人员。

比赛开始,每组的首位参赛同学都小心翼翼地骑上了车。小A同学没有适应慢骑的规则,一开始就蹬出很远,不过他马上想到了利用刹车减速,让自己尽快慢下来,并尽量压住速度缓慢前进。小C同学害怕速度太快,一直不敢用力蹬,结果发现车没有向前的动力,车身很难保持平衡,几次下来,同组的成员有些着急了。站在一旁的协同员看出门道了,告诉他刚开始起步时可以稍快些,等车子走稳后,再以较慢的方式蹬车,并配合刹车保持车速不要太快。听取了意见后,小C慢慢地尝试改进,果然顺利了许多。

赛场上,参赛的学生纷纷屏气凝神,认真地寻找着平衡点,每辆自行车则以各种"扭曲"的姿态"艰难"地前进着。大家时而为参赛同学千奇百怪的造型哈哈大笑,时而为控制着车子半天不动的参赛同学鼓掌欢呼,场面十分欢乐。

参与者感悟

- 平时我们总是在匆忙赶路,把车骑得快很容易,现在要想方设法将车骑慢,一下子感到很不适应。作为小组里的参赛同学之一,我发现太慢或是太快都不是完成这个游戏的最佳办法,而是要在前进的过程逐渐寻找到一个保持平衡的关键点。如此说来,应该感谢这个特别的"骑慢"比赛,让我感受到了"慢"的乐趣与智慧。

- 我不会骑自行车,所以从一开始的小组分工中,我就主动提出担任协同保护员的角色。我心里有些失落,以为自己在这次的活动中价值不大。但在比赛过程中我会陪同每一名组员从起点到终点,而且也发现了一些小技巧,便及时告诉后面的同学。在最后的分享感悟时,我听到参赛的同学说我提供的意见很有用,并且觉得有我在旁边陪同,就像有个"保护神"一样,心里踏实许多,这让我非常意外,没想到一个看似没用的角色还能起到这么大的作用。

专家点评

在当今以"速度"和"数字"为衡量指标的时代,人们投入到快节奏的生活中早已成为习惯。而这项比"慢"的活动一反常规,让竞争"慢"了下来,带给学生一番特别的乐趣和体验。学生在游戏中不仅仅是锻炼了平衡力、协调能力,以及坚持的毅力,更体验到了一种"慢生活"的态度,让自己慢下来给心灵一点平和与宁静。

有个经典的案例,说是让两个人在规定的路线上进行骑马比赛,晚到终点的马为胜。一种思路是慢慢地骑,骑得越慢越好,让对方的马早到终点,自己的马也就取胜了。还有一种思路是抢骑对方的马,骑得越快越好,让自己的马晚到终点就取胜了。

本项活动,采用的是第一种思路,考察的是慢骑技巧。"慢骑"比赛,并不是要学生时时处处都以慢为好,而是在"慢骑"中发现取胜的思路和技巧。

其实,教师们在课余时间尝试一下本活动也会有意想不到的感受。现在的教师每天在忙忙碌碌中感受到许多压力,快速与高效,让教师们少了一份潜心研究,少了一份耐心淡定。教师们在忙碌之余感受一下"慢"的乐趣和智慧,有心情欣赏生活中那些不曾发现的风景,应该是一件非常重要而有意义的事。

第四章　激发潜能
——惊喜发现

　　人类的大脑中有千亿个神经细胞,这是科学上不争的事实。每个人都带着成为天才人物的潜力来到世界,然而一般人只能使用其思维能力中的很小一部分。人的潜力是巨大的,需要积极开发才能使潜力变成实际的能力。在开发潜力的过程中,不仅需要思维的开放,还需要品质的提升,如规范与创新、坚守与变通、迂回与耐挫等。

　　创造性思维,是一种具有开创意义的思维活动,通过这种思维方式,遇到问题时能从多角度、多侧面、多层次、多结构的去思考,寻找最佳的答案。其既不受现有知识的限制,也不受传统方法的束缚,思维路线是开放性、扩散性的。解决问题的方法也不是单一的,而是在多种方案、多种途径中去探索,去选择。

　　经过本章活动的体验,能让学生怀着探究的兴趣、合作的态度、执着的精神,关注生活中的奇妙现象,不断进行自我提问,表达自己的想法,并且能够积极地探索与实践,"异想天开"地将不可能变成可能。开拓思维,创造惊喜,感受探索过程中的充实感和取得成功后的快乐感。

活动46 穿通萝卜芯

1. 通过活动让学生学会与人合作。
2. 通过活动让学生保持自信的心态,敢于突破常规。

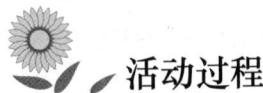

1. 活动场地以室内为宜,活动时间大约20分钟。
2. 根据人数为每人准备1只萝卜,20—30毫米长的塑料吸管若干。
3. 活动适合在初中生、高中生中进行。

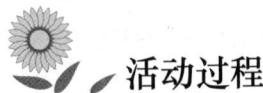

活动概述:学生分组后,给每位学生发1只萝卜和1根吸管,要求学生用吸管来穿通萝卜心。各组学生开始尝试穿通萝卜心的任务,计时员负责计时,选出优胜组,最后在全班集体分享,谈谈活动的操作方法和心得感悟。

活动步骤：

1. 活动带领者将学生分为若干个4—6人组，并推选一个组长，负责开展小组活动。

2. 根据小组人数，各组配一个计时员，观察和记录小组完成穿通萝卜心所需的时间。

3. 以小组为单位，领取材料：每位参与者1只萝卜和1根塑料吸管。

4. 要求在不借助其他任何工具的情况下，将塑料吸管穿通萝卜心。各组成员全部完成任务后，用时最少者获胜。

5. 活动后进行交流和点评。

❋ **问题讨论**

✦ 如果不借助其他任何工具，你认为塑料吸管能否穿通萝卜芯？

✦ 请你做一做，看看能用什么方法尽快地用塑料吸管穿通萝卜芯？

✦ 你认为产生"不能用塑料吸管穿通萝卜芯"这一想法的原因是什么呢？

✦ 通过活动体验，你最大的收获是什么？

带领者提示

1. 为了保证活动的顺利进行，提供的塑料吸管要硬度适中。可以多准备一些吸管，防止部分吸管损坏后，学生无法进行活动。

2. 为了便于比较和评价，每位学生拿到的萝卜要求大小均匀，选取新鲜的、水分充足的长型萝卜为好。

3. 在活动中，活动带领者要进行巡视，对有困难的学生给予鼓励和适度指导。

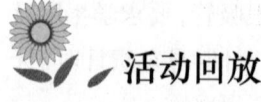

活动回放

听说要用塑料吸管穿通萝卜芯，还没开始做，有学生就一口认定肯定不行,"塑料吸管这么软,萝卜那么硬,怎么可能穿过去?"也有的学生什么都不想,拿到材料就开始尝试。在活动过程中出现了很多状况。例如,第一组:有的学生用力过猛把塑料吸管的一头给折断了,于是学生反转过来利用另一头继续穿。第二组:有的学生穿了一会没有成功,就选择放弃,看着同伴做,而当他看到同伴穿的还算顺利时,又有了继续尝试的勇气,拿起自己的萝卜和塑料吸管继续完成任务。第三组:有几位学生穿的比较顺利,慢慢地从一头穿向另一头,这鼓舞了同组的其他同学。第四组:一开始没有成功,于是他们停下来一起讨论,寻找最佳方法,有同学发现用塑料吸管慢慢地在萝卜上旋转,会让塑料吸管前进。总之,小组成员尝试了许多方法,找到窍门后快速行动,完成任务的同学帮助未完成的同学,最终第四组以最快的速度完成任务,他们欢呼雀跃,特别开心。

在整个活动过程中,第五组、第六组有3名同学花了很大的力气,最终还是没有完成任务,因此影响了小组成绩,有点沮丧。

参与者感悟

- 用塑料吸管穿通萝卜,想想也难以完成,但我拿到萝卜的第一个想法就是想尝试一下。于是,我就用塑料吸管慢慢地向萝卜中心穿过去,穿的过程很困难,努力了好一会儿,塑料吸管才前进了一点点。后来我看到旁边的同学穿的速度明显比我快,而且他倾斜着拿塑料吸管,我也如法炮制,速度果然比原来快多了。经历了一番辛苦后,我终于成功了。其实生活中有很多我们不能完成的事情,并没有想象中那么难,关键在于我们一定要去尝试。只要我们时刻保持着自信的心态,发扬"穿土豆"的"傻劲",认真踏实地动手做事,学会与人合作,将"双赢"的理念根植心间,那么就一定能够做到"我能行"。

- 今天,我真的十分难过,因为我在活动中虽然努力去做了,但还是没有成功,眼看着组员们一个个都完成任务了,我心里更加着急,越着急越难完成任务,动作也越来越笨拙了,最终影响了小组的成绩。但令我感动的是组员们并没有批评我,而是不停地安慰我,鼓励我课后继续试试。大家说这次活动能不能拿到第一没有关系,关键是在这个活动中,我们要体现团队合作的精神,做任何事情一定要有信心。

专家点评

　　这个活动对学生很有吸引力和挑战性,但在困难面前,学生多次尝试后依然不成功,就会变得沮丧,并且萌生放弃的念头。心理学中有个概念:习得性无助。指的是个体在经历过消极的体验后,再面临类似的情景时,所产生的一种无能为力的心理状态与行为表现,也可以称之为习得性绝望感。因此,活动带领者要及时帮助有困难的学生突破障碍,获得成功的体验。

　　塑料吸管穿过萝卜芯的活动活跃了整个气氛,同学们十分投入,他们想尽一切办法努力穿通萝卜,这种办法不行就换另一种方法,不断的尝试,同学们都努力地做下去,因为坚持,相信自己能行,有的学生最后获得成功,也鼓舞了其他学生。在分享中,学生分享最多的是做事情要不怕困难,要相信自己,更要努力想办法,突破传统思维。

　　在学习和生活中我们经常为了某些困难而苦恼,有的学生碰到困难就会放弃。通过本次心理活动,让学生在活动中体验信心和坚持,以及通过自己的智慧和努力顺利突破难关的感悟。这种感悟迁移到生活或学习中,学生就会明白要相信自己,要坚持不断地尝试,困难最终是能够克服的。

活动47 穿越A4纸

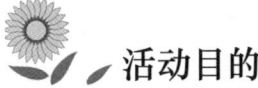

活动目的

1. 让学生具有敢于挑战"不可能"的勇气和解决问题的智慧。
2. 让学生在活动中尝试自我觉察,不断提升自我。

活动准备

1. 活动适合在室内进行,时间大约30分钟。
2. 根据学生人数,为每个学生准备一张A4纸和一把剪刀。
3. 活动适合在初中生、高中生中进行。

活动过程

活动概述:活动带领者给每位学生发一张A4纸和一把剪刀,要求每个同学尝试剪裁纸张,以使自己或同学的身体穿越这张A4纸。

活动步骤:

1. 对全班学生随机分组,每小组两把剪刀、4张A4纸。

2. 小组讨论：人体穿越一张A4纸可能吗？如果可能，操作的方法是什么？
3. 请成功穿越A4纸的学生介绍完成任务的思路和做法。
4. 请未完成的学生交流没有取得成功的原因。
5. 活动带领者总结本次活动。

❋ **问题讨论**

✦ 为何在开始时，大多数同学都认为这是不可能完成的任务？
✦ 有些同学虽然没有找到解决问题的方法，但为何还在坚持？
✦ 有些同学知道了解决问题的办法，但最后却难以完成，问题出在哪里？
✦ 通过活动，你有怎样的感悟？

带领者提示

1. 活动带领者在介绍完活动要求后，先要询问有没有曾经做过该活动的学生，如果有就可以请他当助教。不要一开始就公布答案，让其他同学失去思考的机会。

2. 在活动过程中，如果学生较长时间内没有找到解决问题的方法，就需要活动带领者给予适当的提示，比如你们了解弹簧吗？如果要让一个人穿过去，是否可以让这张纸变长或者变大呢？

3. 活动中除了要思考如何裁剪之外，细心也是不可或缺的，提醒学生要认真细致地完成任务，不要让细节的失误破坏了整个过程。

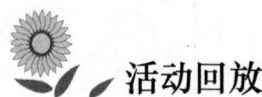 活动回放

这个活动对没有做过的学生来说，具有较大的挑战性，学生的参与度比较高。活动一开始，学生刚听到活动带领者提出的要求时，都觉得这是不可能的，有的同学开始嘟囔：除非让魔术师刘谦来做，否则一个人怎么可能穿过这张A4纸呢？还有的同学一直盯着这张纸看，似乎想看出一些门道来。

慢慢地有同学开始行动了,小S在纸上挖了一个洞,可是挖再大的洞,要让一个人穿过去是不可能的。整个班级的学生全都陷入了沉思。这时,学生小W说了一句:"如果能把这张纸变成一个特别大的圈,我就可以穿过去了。"小W的话似乎打破了僵局,好几个学生顺着他的思路,开始用剪刀剪了起来,不再是一开始的挖洞,而是沿着这张纸的一角,像走迷宫似的剪了起来。可是剪到最后,A4纸虽然变成了一个长条,但是头尾却没有连接起来,仍然不能让一个人穿过。希望似乎又破灭了,大家都有些沮丧。

此时,不知道谁又说了一句:既然我们接受这个挑战,我相信一定有办法,别着急,再想想。在这句话的激励下,同学们又继续尝试。这时,一开始想到要挖洞的小S同学,看到有同伴把A4纸剪得很长,从中受到了启发,那就是既要把A4纸变长,又要让A4纸头尾相连围成一圈,通过一番实践,第一个同学获得了成功。具体做法可以见图4-1、图4-2。

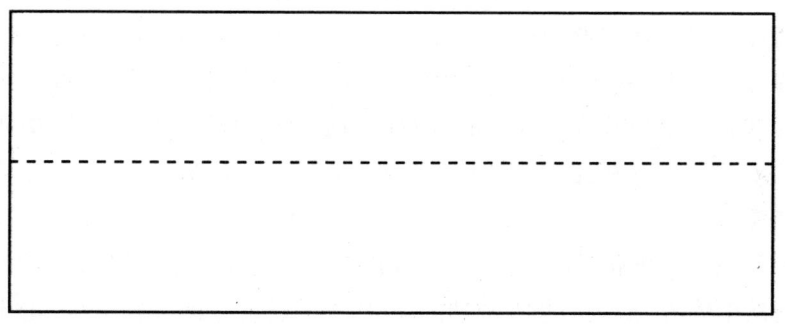

图4-1 沿虚线对折

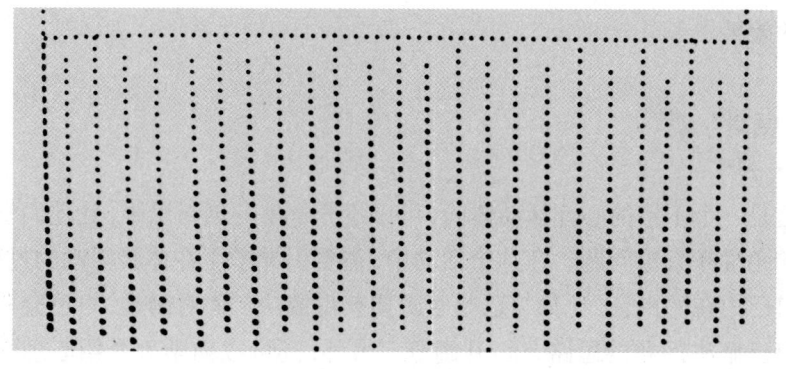

图4-2 沿虚线剪开

（说明：将图4-1沿着虚线对折，对折后就是图4-2中的小长方形了，然后按照图4-2中的虚线剪，每一剪都不要剪到头，剪好后将其打开就是一个很大的圈了）

在小S同学成功经验的启发下，班级同学开始兴奋起来，有的同学主动向小S请教，有的把小S剪好的圈拿来学习。所有的同学都在积极尝试，不一会又有学生通过自己的努力，获得了成功。可是小L好不容易要成功的将A4纸撕成一个大圈时，一不小心撕坏了，只见他整个人就像一个泄了气的皮球，瘫坐在椅子上，十分沮丧。这时，伙伴小Z悄悄找来一个回形针，将断裂的两头连了起来，当他重新把纸圈拿到小L面前时，小L随即露出了灿烂的笑容。

参与者感悟

- 张超同学第一个获得成功，老师请他介绍做法，我受到启发后也有自己的思路。但是我按照他的方法尝试了一下，却没有成功。于是，我让他再具体操作了一次，这次才知道他是如何解决问题的，自己也似乎有种顿悟的感觉。我从中感悟到人与人之间的双向沟通真的非常重要，同时，沟通后自己的亲身实践也比较重要，因为在很多情况下，如果没有实际操作，结果还是等于零。

- 因为特别想获得成功，所以在剪到最后的环节时，我一不小心把圈剪断了。我从中感悟到：内心想要成功的动机太过强烈时，反而会因为担心出错而导致失败。因此，我觉得凡事都应该把握好一个度，如果没有一点想要成功的想法，人就没有前进、探索的动力，但是如果求胜动机太过强烈，就会产生适得其反的效果。

专家点评

这是一个不错的心理活动体验，可以培养学生的创新思维，让他们学会从不同的角度来解决问题。在这个活动中，需要引导学生在体验活动的过程中，感受自己内在的声音，比如自己是否渴望获得成功？面对困难，自己会如何应对？自己解决问题的思路是否开阔等。另外，还可以向学生介绍心理学关于"功能可供性"的概念，一个人要想不断开阔眼界，积累知识是非常重要的。在这个活动中,要想将一张纸变细、变长,就与一个人的思维和知识积累有关,因此学得多,见得多,那么解决问题的思路也就多。如果你学得多,但不会灵活运用,那也只能干瞪眼,生活又何尝不是如此呢?

见多识广的同学或者经常有不同尝试经历的学生,往往会脱颖而出。通过这样的活动体验,提供给学生一些不同的解决问题的思路,使学生变得越来越有智慧,并且培养他们用创新思维解决问题的意识。

 活动48　神奇的平衡

 活动目的

1. 让学生学会换一个角度思考问题、解决问题。
2. 培养学生勇于挑战自我、突破自我的精神。

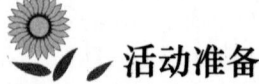 活动准备

1. 活动适合在室内教室进行,时间大约40分钟。
2. 根据小组数,为每个小组准备13根钉子和1块4厘米×4厘米的塑料薄板。
3. 活动适合在初中生、高中生中进行。

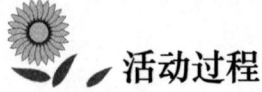 活动过程

活动概述:在不借助外力的情况下,用1根钉子托起12根钉子。
活动步骤:
1. 活动带领者根据参与活动的人数,按照每组4—6人将全班分成若干组。
2. 给每个小组发一盒活动用具(包括13根钉子和1块4厘米×4厘米的塑

料薄板）。

3. 活动带领者向全体成员介绍活动规则：（1）先把1根钉子带尖的一头插在塑料薄板上，使这根钉子直立。（2）然后将其余12根钉子放在直立的那根钉子上，这12根钉子只能碰到钉子，不能碰到其他任何东西，也不能借助任何外力。（3）学生可以在桌子上或地上操作，按要求把12根钉子放在1根钉子上就可以。

4. 活动带领者组织分享和交流。

❋ 问题讨论

✦ 用1根钉子托起12根钉子的任务是否可以完成？
✦ 活动中同伴的行为对你起到了怎样的影响？自我信念对你的影响又是怎样的？
✦ 你如何看待机会？你认为如何创造机会可以获得活动的成功？

带领者提示

1. 活动带领者在活动正式开始前，一定要向学生强调：不借助任何外力完成任务，并可以举几个学生经常会误解的例子。例如：有些学生将1根钉子插在塑料薄板上，其他12根也分别插在薄板上，并靠在当中的1根上。老师要指出这种做法借助了外力，违反了活动规则。

2. 活动中可能会遇到学生没有任何思路的情况，此时，活动带领者的点拨十分重要，如可以让学生想象一下，古代的木质房屋是如何搭建的，房梁和房梁之间是如何摆放的。

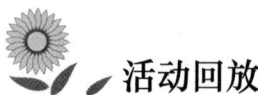

活动回放

当活动带领者宣布活动的规则后，同学们一致认为除非能够通过意念来控制这些铁钉，否则怎么可能用1根钉子托起12根钉子呢？活动带领者鼓励大家多进行尝试,而不是轻易地下结论。于是,同学们纷纷尝试起来。

有小组好不容易将第二根钉子放在了第一根钉子的钉帽上,下一根铁钉就没法再摆了。有小组想到的方法有借助外力之嫌,如把其余12根钉子的一头全部插在薄板上,另一头则互相靠在第一根钉子上。刚开始,大家还信心满满,不断为自己的小组出谋划策,10分钟过后,在尝试了很多方法都失败后,大家就有些懈怠。

于是,活动带领者及时介入,询问大家,你们认为这个活动可能成功吗?只有几个同学勇敢地举手,而其他同学都默不作声。此时,活动带领者的观察和引导就显得非常重要。在尝试的过程中,有一组离成功很近了,他们摆放出如下的形状(图4-3),先将1根钉子平放在桌面上,接下来将其余钉子的钉帽按照相反方向,扣在这根平放的钉子上。可是最后用手抓住这根平放钉子的两端,想要将它拿起时,扣在上面的其他钉子全部滑了下来。活动带领者将这组同学的尝试与全体同学做了分享,又进一步点拨说:"这个思路非常好,最终没能完成任务的原因是什么?再想一想,如何在拿起平放的钉子时,保证扣在上面的钉子不滑落?"在活动带领者的启发下,各小组又开始进行尝试。令人兴奋的是个别小组在不断尝试的过程中,终于取得了成功(图4-4)。

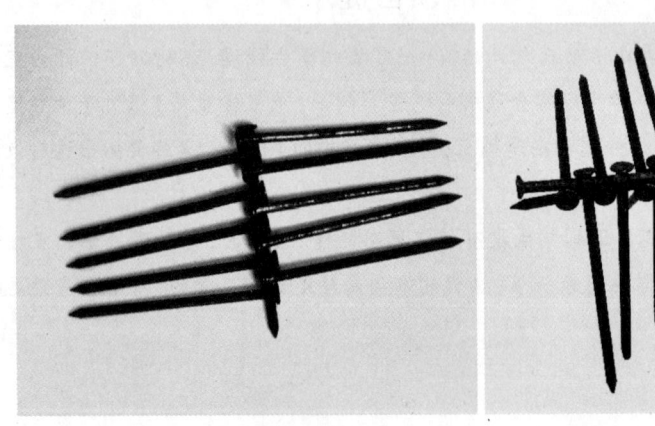

图4-3 离成功很近了　　　　　图4-4 终于成功了

具体步骤:
1. 先将1根钉子带尖的一头插在塑料薄板的孔上,使其直立。
2. 把2根钉子平行拿着,留1根钉子厚度的缝隙。

3. 把其他10根钉子，1根1根的插入缝隙中，两两成对，并且两个钉帽互相钩住，形成5对；然后，轻轻地放在直立的那根钉子上（注意用力要均匀，把握平衡）。

在活动过程中，每个团队由于成员的不同，小组遇到的困难可能也不尽相同。因此作为活动带领者，要敏锐捕捉学生中的潜在能力。当团队遇到困难、队员出现懈怠情绪时，活动带领者需要搭建平台，促使团队成员怀着信心继续完成任务，让参与者体验到，通过努力实践、互相启发可以解决一些看似不可能解决的问题，明白创新思维是在互相碰撞中孕育而生的。当然，如果学生实在无法成功实践时，活动带领者也可以做示范。

参与者感悟

- 这个活动非常有意思，我觉得想要获得成功，与我们每个人心中的信念有关。因为相信可能，所以才会努力去尝试。另外，同伴之间的相互启发也十分重要，每个人的思维都有局限性，善于学习他人的方法和经验是我们获得成长的阶梯。

- 只有想不到，没有做不到。从这个活动中，我真切地感受到这句话的内涵。创新思维对于每个人的成功都很重要，观念的改变将带来行为上的改变。我想这个活动给我的启示不仅仅体现在学习上，其实改变生活中的思维模式更重要。从现在开始，我要不断改变自己，创新思维模式。

专家点评

很多时候，个人的经验、习惯、偏见等限制了我们想出更多更好解决问题的方法。这个活动，可以让大家意识到某些看上去不可能的东西，通过我们的努力还是有可能实现的。仔细观察生活，尝试动手实践，不怕失败，都是非常重要的。面对难题，我们可以从不同角度或侧面进行发散性思考，以获得对事物更加全面的认识，进而想出更新颖有效的解决方法。

活动49　交通堵塞

 **活动目的**

1. 通过活动培养学生整合意见、拟定决策,以及有效率解决问题的能力。
2. 在活动中,让学生学习在团队中与他人有效合作的方法。

 **活动准备**

1. 活动适合在操场或户外宽阔的平地上进行,活动时间需要30—40分钟。
2. 按照参与活动的人数,准备20厘米×20厘米的纸片/纸板若干(纸片数量=人数+1)。
3. 活动适合在初中生、高中生中进行。

 **活动过程**

活动概述:将纸板呈一字型在地上铺开,让小组学生全部站在纸板上,留出中间一块纸板,组内学生分两边相对而站,如下图4-5所示:

图4-5 站在纸板上

站在队伍右边的人和站在队伍左边的人进行位置互换,站立方向保持不变,任务才算完成。

活动步骤:

1. 活动带领者将全班学生进行分组,每组以10—12人为宜。在一个大组中再将成员分为5—6人的两个小组。

2. 两个小组成员面对中心,站在事先准备好的纸板上,一次只能移动一个人,可以朝前走一步,也可以绕过对方一个人跳一步,但不能后退。另外,成员站位的顺序不能改变。

3. 在活动进行中,若是遇到困难,组员可以回到原先的位置,重新再来一遍。

4. 经过反复尝试,按要求顺利完成任务的小组获胜。

5. 各小组分享并交流活动感悟。

❋ **问题讨论**

✦ 你们小组是如何完成这项任务的?

✦ 在活动中,谁先察觉到移动模式的存在?他/她是如何将这个信息传递给大家的?

✦ 在活动中,小组内同学有没有发生冲突?你是如何看待团队冲突的?

✦ 小组成员之间存在不同意见时,谁来调节小组中各成员的意见?采取了怎样的方式?

✦ 在活动中,当你的建议不被其他成员采纳时,你的感受如何?

✦ 请最快完成任务的小组谈谈其组内相互协商的方式,以及处理成员之间矛盾的办法。

带领者提示

1. 每个成员都要清楚活动规则,活动带领者要熟悉成功完成活动的方法。参考方法:在第一组的1个组员跨出一步后,第二组的2人连续向前走(前1位跨步走,后1位向前走一步即可),接着第一组的3人连续走动(前2位跨步走,后1位向前走一步即可),第二组有4人连续走动(前3位跨步走,后1位向前走一步即可),依此类推。

2. 本活动可以在一个小组中开展,也可以两个小组同时开展。

3. 各组推荐产生组长,组长可以在活动开始前,带领组员讨论行动方案,在形成统一意见的基础上再进行尝试,效果会更好。

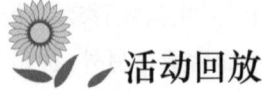活动回放

当所有同学都站在规定位置后,自荐产生的组长开始指挥起来,队伍中的同伴们或者前进一步或者跳一步。虽然大家忙得不亦乐乎,但是每次走了几步后就陷入了僵局,大家只能回到原来的位置,继续尝试。这时,小组中出现了埋怨的声音,有的成员站在纸板上不愿移动。"我们不能总是这样盲目地去试错,这个活动肯定有规律可循。来吧,我们将队伍排好,再试试!"在组长的指挥下,同学们又排好队伍,再一次进行尝试。

组长的话语似乎把小组同伴心中的阴霾一扫而光,曙光渐渐呈现,小组所有成员的信心又被激发出来了。在组长的指挥下,右边的第一位同学先前进一步,站在当中的空白位置处;然后左边的第一个同学向前跨一步,左边的第二位同学向前跨一步,接着右边第一位和第二位同学分别依次向前跨了一步,第三位同学向前跨了一步。再接着左边的第一位至第三位同学分别依次向前跨了一步,第四位同学向前跨了一步。这时,大家慢慢地发现了其中的规律。两边同学成功互换,活动成功。

成功之后的兴奋是不言而喻的,但就在大家欢呼拥抱时,活动带领者的一个问题又让大家陷入了沉思。"刚才在组长的带领下,大家步调一致,完成了活动,现在我想问大家,团队中的每一个成员是否都清楚应该怎样走了?现在我们自己来试一下好吗?"听到这番要求,同学们面面相觑,有人小声说:"啊!我可不知道该怎么走?"

团队所有成员一起解决问题时,往往会因为关键人物的出现,使得问题迎

刃而解。但是团队中的部分成员可能会迫于压力，不敢说出自己其实还不会的实情，因此，要避免活动背后还存在一些"滥竽充数"者，活动带领者应让每个组员都尝试担任组长这一角色。

参与者感悟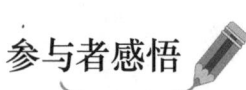

- 在团队中提出自己的意见是必要的，但要注意提出意见及建议的方式，不要光顾着表达自己的思想，而忽视了他人的意见。不要随便打断他人的发言，应想想自己是否同意他人的观点，若同意则立即予以支持；若不同意，也要对自己的想法做适当反思，提出有效的辩驳依据后再发言。总之，在团队中要学会发言的技巧和适当的让步。

- 在发表自己的意见后，不要固执地认为自己的想法一定正确，如果有幸成为领导者，那么要尽量使用婉转的方式拒绝你认为不可行的方案，并为你认为可行的方案负责，如果行动失败，领导者要勇于承担失败的后果。另外，在制定行动方案时，要注意团队中各个成员的表现，协调成员之间的关系。

专家点评

这个活动设计得非常巧妙，我们经常会玩跳棋，两人或多人同时进行时，需要学会借力或者适时的以退为进。现将跳棋游戏通过改编，设计成需要由两个团队共同合作协商完成的一个活动，非常有意思。在活动中，沟通、协调的能力是十分重要的，同时也需要有领导者和跟从者。总之，每个人在团队中都很重要。当然，作为活动带领者，适时的介入、点拨是推动该活动顺利开展非常重要的因素之一。

活动50　快旅慢游

活动目的

1. 拓宽学生的视野,加深学生对其他城市或其他国家的了解。
2. 提高学生的分享意识、培养学生对自然的热爱。

活动准备

1. 活动合适在室内进行,时间大约30分钟。
2. 准备多媒体设备,以及世界地图、中国地图、省市地图。
3. 准备双面胶和印有脚印的小纸条,以及学生的旅游照片、纪念品、游记等。
4. 活动适合在高中生中进行。

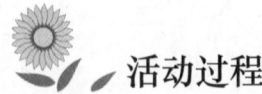

活动过程

活动概述:随着交通的不断发展,人们的出行越来越方便,地球上的很多地方都留下了人类探索的脚印。人们喜欢遇到不一样的风景,感受不一样的心情，在陌生而美好的环境里，发现全新的自我。分享自己的旅游经验，既是重现回忆，也是共享美好。

活动步骤：

1. 活动带领者将全班学生分为若干个6人小组，并且确定组长。

2. 每个小组长领取双面胶和印有脚印的小纸条若干，在纸条上签名，任意选择地图，然后将自己的脚印贴到曾经到过的地方，可贴多处。

3. 小组内讨论并分享旅游的经历、感悟，并展示旅游纪念品。从小组内选出小组印象最深刻，最富有旅游经历的同学两名，参加集体交流。

4. 各小组推选出的同学依次在班里分享，使用多媒体设备呈现旅游照片、旅游纪念品，以及个人游记等。评选出班级印象最深刻、最富有旅游经历的同学3名，将贴着大家脚印的3张地图作为奖品发给获胜者。

5. 活动带领者总结点评本次活动。

❋ **问题讨论**

✦ 将自己的脚印贴到地图上某些地方的时候，你有什么样的感受？

✦ 在推选印象最深刻、最让人向往的旅游经历时，你的评价标准是什么？

✦ 你对旅游有怎样的理解？

✦ 通过游戏活动，你有怎样的感悟？

带领者提示

1. 活动带领者提前准备好所有材料，并提前通知学生带好旅游照片、旅游纪念品、个人游记等。准备的3张地图要大一些，便于同学们贴上旅游的脚印。

2. 在小组讨论环节中，活动带领者要鼓励组员都进行分享，正面引导组员交流自己的旅游经历，以有情感的交流、有趣味的经历、有成长的收获为好。

3. 学生在分享时可能会出现不知道该如何表达的情况，此刻活动带领者可以根据实际情况提问题，适当进行引导。

活动回放

活动带领者通知学生带旅游照片和纪念品的时候，大家都十分好奇，有人提问："老师，带这些做什么啊？"为了维持这份好奇，活动带领者卖了个关子。等到活动当天，同学们才恍然大悟，表现出对地图和脚印的兴趣，纷纷猜测它们之间的关系。听完游戏规则后，大家都是一副"终于懂了"的神情，并保持着很高的积极性。

在小组讨论的过程中，有一名女生好像不太高兴，也不怎么说话。活动带领者走近她，小声询问，她说自己没有旅行过，问她："去过公园吗？"回答说去过，活动带领者回应道："这也是一种旅游啊，去哪里不重要，感受到什么才重要。"受到鼓励后，她描述了自己小时候与爸爸、妈妈在家附近公园游玩的经历。虽然这不是真正意义上的旅游，但这位女生具有感染力的分享，让同学们深受触动。她说："小时候爸爸、妈妈没有钱带我去名山大川，或名胜古迹旅游，他们只能带我去家附近的公园玩。在记忆中，与爸爸、妈妈在一起的经历，非常快乐和幸福。公园里的游玩已成为我永远难忘的记忆。"

班级分享时，学生们大都通过多媒体设备呈现旅游时拍的照片，分享照片背后的故事，畅谈自己旅游的收获。有人在介绍完自己的经历后，转身一变成为导游，给其他同学介绍各地旅游攻略；有人把纪念品展示给大家看，详细地介绍并分享它对自己的意义；有人通过分享旅游经历，怀念与父母一起经历的美好时光，带给大家许多感动。

参与者感悟

- 当听到要带旅游照片的时候，有些不知所措，但当老师告知本次活动主题是"快旅慢游"时，我兴奋起来了。爸爸带我去过许多国家，如美国、日本、法国、德国、韩国等，但仔细想来好像没有太多的记忆。导游带着"走马观花"和"蜻蜓点水"，很少做到"细嚼慢咽"和"慢慢品味"。今天听了许多同学分享各自的旅游经历，真是羡慕啊，以后我争取要做好"快旅慢游"，从中了解更多的地域文化、风土人情、历史人物。

- 我去过北京很多次，起初是被那句"不到长城非好汉"吸引过去的，后来越来越迷恋这个古老而又现代的城市。停留北京的时间虽然短暂,但我每次去都带着一个"法宝":北京短期旅游攻略。它是我到处搜集信息,并把它们精简、结合而成的,费了很多心血,现在已经收集了6个版本,我希望能与同学们共享,一起领略北京的魅力。

专家点评

俗话说"行万里路胜过读万卷书",这话不是说读书不重要,而是说在行万里路中可以学到许多书本上无法学到的知识。现在学生的读书机会相对来说很多,在读书的基础上,倡导学生走近大自然,在游览名山大川、名胜古迹中,了解历史、感受自然、领略美景、丰富阅历,这是一件非常有意义的事。旅游是一种教育,旅游不能只是游山玩水,旅游最大的目的应该就是增广见闻、丰富知识。

活动"快旅慢游",其实在向学生们传导一种理念——在你没有时间的时候,我们可以进行快速地观光旅游;当你有了精力的时候,可以做沉浸式的旅行,深入了解当地的地貌特征,以及风土人情、历史文化、人文故事。

要达到活动目的,活动带领者的引导非常重要,要避免发生主题偏离,防止活动变成同学们间的相互攀比与炫耀。通过旅游经历的交流,要让学生们有意识的行万里路,了解家乡、热爱自然,做一个视眼开阔、阅历丰富的人。

 活动51 棉花糖挑战

 **活动目的**

1. 通过活动,培养学生全面考虑问题的能力。
2. 通过活动,让学生懂得团队成员互相激励、共同努力的重要性。

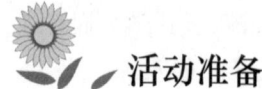 **活动准备**

1. 活动适合在室内教室进行,时间大约40分钟。
2. 按照小组数准备好课桌。
3. 准备意大利面1包、棉花糖1包、橡皮筋若干,以及透明胶每组1卷、卷尺1把。
4. 活动适合在初中生、高中生中进行。

 **活动过程**

活动概述: 用20根意大利面搭成一座塔,在塔的最上端放一块棉花糖,测量棉花糖到桌面的距离,搭建最高且稳固的小组获胜。

活动步骤：

1. 学生自由组合，每组人数控制在4—5人。
2. 活动带领者宣布活动要求：在15分钟内，各个小组用20根意大利面、若干橡皮筋和透明胶搭一座塔，并将一块棉花糖放置在塔顶。比赛的评价标准就是在塔不倒塌的情况下，测量棉花糖到桌面的距离，距离最高者获胜。
3. 比赛结束，活动带领者用卷尺测量每组所搭之塔的高度。
4. 各个小组分享合作过程中的感悟和思考，活动带领者进行点评。

❄ **问题讨论**

✦ 你所在小组成功或者失败的原因是什么？
✦ 从这个活动中，你得到的收获是什么？如果还有机会再参加一次，你会在哪些方面进行改进？

带领者提示

1. 活动带领者告知学生棉花糖只能放置在塔的最顶端。
2. 活动带领者告知学生不能用透明胶将意大利面固定在桌面上。

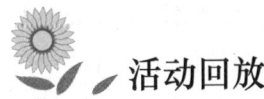

活动回放

比赛活动开始，每组同学开始设计自己的塔座。万事开头难，同学们将大部分时间都用在了底座的搭建上。由此可见，大家对打好根基的重要性深有体会，可是应该如何搭，大家一时没有想到特别好的方法。

过了一会儿，高康小组率先想出了一种方法，就是用"三足鼎立式"支架作为底座，而王倩倩小组则在此基础上，将支架之间连接起来进行加固。完成了初期的底座搭建后，各小组开始进入塔身搭建阶段，这一阶段的重点就是让塔身尽量高，但又不能影响到塔的稳定性。

在其他小组还没有行动时，高康小组成员已经把塔建起来了，就在大家都以为他们可以取得成功时，一颗棉花糖造成了前功尽弃的悲剧。由于塔搭得太高，底部没法支撑，他们辛辛苦苦搭好的高塔在棉花糖的压力下轰然倒塌，引来同学们阵阵的唏嘘声。

看到这样的情景，所有人都开始着急了。于是，小组成员在组长的带领下又开始了塔身和底座的加固和整修，大家拿出透明胶，希望可以用它来进行加固，可是最终用意大利面做成的塔还是不堪重负地倒下了。大家有些失落，面对失败，组长首先表态，认为自己应该负主要责任，而组员们也纷纷表达，自己没有在活动中发挥作用，只是依靠组长一个人操作。虽然活动失败了，但是组员之间互相理解，积极寻找问题根源的态度得到了大家的认可。

吸取高康小组失败的教训，其他小组的成员都在塔底加固上下功夫，有个小组想到选用立方体这种比较复杂的底座，于是重新做了调整，虽然最终没能在规定的时间内完成，但是他们准备在课后继续挑战。另外，有个小组通过将两根意大利面条捆绑在一起，来加固塔座的底部。最后，王倩倩小组完成的塔高度达到50厘米。看来失败的实践也能给同学们带来很多的启发和收获。

参与者感悟

- 虽然我们以最快的速度把塔搭好了，可是当我们将棉花糖放在最上面时，塔就开始摇摇欲坠。现在想来，因为刚开始我们只关注塔的底部，一味追求塔的高度，没有考虑到随着塔身的增高，塔的中间部位也需要不断加固，最终失败了。作为组长，我想自己要负主要责任，因为对自己最初的设计思路过分自信，而没有和其他组员进行深入探讨。从中也让我意识到，以后不管做任何事，都要经过充分的思考，才能获得最后的成功。

- 一开始说要用意大利面搭塔，我认为既不简单也不困难，只要把根基打好，其他的就没问题了，但开始做后才发现并没有那么容易，稍不注意意大利面就会折断。时间一分一秒地过去了，组员们都开始焦躁起来，但是在我的鼓励下大家没有放弃，虽然我们没有在规定时间内完成，但是组员之间直到最后一刻仍然在努力的劲头还是让我很感动。我们约定课后继续去尝试，相信一定会成功。

专家点评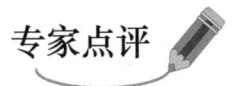

"棉花糖挑战"活动,是一项需要参与者同时具备空间思维和实践能力的活动。在整个过程中,团队成员不仅要关注将塔座的根基打得扎实,同时也需要关注塔身、塔尖的牢固性。虽然中学生的思维能力逐步增强,考虑问题也日趋周到,但作为活动的带领者,需要及时关注各个小组的进展,当学生遇到困难时,活动带领者给予的点拨和激励作用是巨大的。遇到困难时,不断激励更能提升整个团队的战斗力。

此外,作为活动的延伸,我们还可以用报纸和透明胶等来搭塔,看看哪些塔能够搭得又高又漂亮。

活动52 "苹果""西瓜"

活动目的

1. 让学生在活动中体会沟通所产生的有趣现象。
2. 训练学生倾听、回应、澄清、传递等沟通技巧。

活动准备

1. 活动场地以室内为宜,活动时间大约20分钟。
2. 活动适合在小学高年级、初中生中进行。

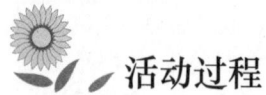
活动过程

活动概述：活动带领者将学生分成15人小组,小组成员面对圆心围成一个大圈。小组主持人分别向左手边和右手边的两人发出"苹果""西瓜"的口令,听到口令的学生向下一位学生传达口令,并按照规则依此向后面的学生继续传递口令……直到"苹果""西瓜"的口令分别从小组主持人右边和左边的同学处传回来,此轮活动便结束。

活动步骤：

1. 活动带领者按班级人数，将学生分为若干个15人组，每个组确定1名主持人。

2. 小组成员面对圆心，围圈站立。

3. 小组主持人向右手边的第一位同学说出口令："这是苹果。"右手边的第一位同学必须反问："什么？"主持人须再重申一次："苹果。"右手边的第一位同学回应："谢谢。"然后对第二位同学说："这是苹果。"第二位同学重复问第一位同学："什么？"第一位同学必须再问主持人："什么？"以确认讯息，主持人再回答："苹果。"第一位同学再传给第二位："苹果。"第二位同学再向第一位同学说："谢谢。"第二位同学继续传递"苹果"的信息给第三位，依次类推。

4. 小组主持人依照上述步骤，向左手边的同学发出"西瓜"的口令，左手边的同学依照以上的相同程序传递信息。

5. 所有人获得的信息都必须传达至小组主持人，再由主持人发出统一的回答"苹果"或"西瓜"。直到所有信息都经过每位学生，最后"苹果"信息从主持人的左边人传回，"西瓜"讯息从主持人的右边人传回，任务完成。

6. 一轮活动结束后，小组主持人带领组员进行讨论、交流，学生谈谈自己的感想与收获。

7. 活动带领者对本次活动进行总结点评。

❋ **问题讨论**

✦ 同一个时间段，你扮演了几种角色？
✦ 当有人做错事时，你的反应是什么？
✦ 这个活动给你带来怎样的收获？

带领者提示

1. 活动中只能互传下面几句话："这是苹果（西瓜）""什么""苹果（西瓜）""谢谢"。在传递的过程中会有两个不同的信息相互干扰，提醒学生注意不要混淆。

2. 小组主持人对学生的询问要有耐心，必须保证全体组员认真地参与整个活动。

3. 为了提高学生参与的积极性，小组传递信息时可以安排女生、男生间隔进行。

活动回放

这个活动看似简单其实不宜操作，活动带领者首先要进行分组，而且要确定小组主持人，主持人不仅要清楚活动规则，并且每个学生都要明白。在活动过程中，有的小组可能不断重新开始，传递几轮后就出现信息混乱的状态，造成前面的同学因为一次次的重复而出现厌烦情绪，后面的同学因为得不到体验的机会而注意力分散。小组成员中如果出现这样的情绪，会影响活动的顺利进行。

有的小组因为主持人的指令不清晰，造成右边"苹果"与左边"西瓜"口令的冲突。在活动中出现信息混乱、彼此埋怨等情况时，活动带领者要暂时中止活动，让小组进入讨论阶段。如让学生思考："组内有人多次出错，大家怎么办？""怎样做可以让传递更快更准确？""小组主持人的责任是什么？""组员的任务又是什么？"在小组讨论的基础上，团队形成共识后，传递的速度和质量会得到明显的提高。

参与者感悟

- 第一次尝试这个活动，我们就失败了，两个信息从左右两边分别传递，到中途就走样了，无法传递下去，没有做到活动带领者所说的"说你该说的，做你该做的"。在实际生活中，我们所获得的信息不一定准确，我的感受就是在与别人沟通时，要对信息进行仔细辨别。

- 在传递"苹果"信息的过程中，必须集中精神，否则就会传错。我们组的信息传递到某个同学处总出错，再加上另一个信息的干扰，就更容易出错了。费了好大的劲，我们组才成功完成活动。我想，在生活中我们也经常会发生角色混乱，在碰到问题时，既要找准自己的角色定位，又要以恰当的方法来处理问题。

专家点评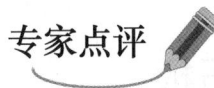

同条信息经过多人的传递，可能出现严重的"变形"，因为传递中间存在许多干扰与阻碍。活动带领者在组织学生进行活动时，应注意观察哪些因素会形成干扰，设法加以排除、控制或减少，以增加团队沟通的效能。

这个"'苹果''西瓜'"的心理活动十分有趣，但也有一定难度，对于处理团体中同伴之间的矛盾很有帮助。例如，在团体中经常会发生某某在背后说了某某的坏话，两个人从好朋友变成了陌路人，甚至发生激烈争吵。为了化解同伴间的矛盾，可以尝试这个活动，在同伴之间传递出错时，让参与者分析，信息传递一定是正确的吗？参与者展开激烈的讨论，他们认为信息传递有可能失真，因为信息在不同的人嘴里传一圈，很可能就不是原来的意思了。于是，可以借此将同伴之间的矛盾集体分享，让大家结合活动进行分析，效果非常好，伙伴之间的问题得到澄清，矛盾可以化解。最终，所有的同学都认识到双向沟通，信息真实传递的重要性，不要轻易相信别人的传话，伙伴之间有了矛盾要学会沟通信息。

此外，这个活动在操作过程中，有一个点要关注，那就是信息传递时间越长，越易造成信息的混乱。所以建议把一组的人数控制在10个人，并且一开始将10个人再分成5人小组，一个小组传递"苹果"，另一个小组传递"西瓜"，等参与者掌握了传递方法后，再将10个人合为一个大组，进行左右两个信息的对传。可能这样的效果会更好，避免"一片混乱"的场面。总之，参与者在复杂而有序的传递中，需要学习关注、倾听、澄清和传递等技巧。

活动53　奇趣七巧板

活动目的

1. 培养学生的观察力、注意力、想象力和创造力。
2. 培养学生的团体合作、沟通，以及协调能力。

活动准备

1. 活动适合在宽敞、无障碍的室内进行，时间大约30分钟。
2. 准备七巧板（多套）、计时器、照相机（多个）、电脑、投影仪。
3. 活动适合在小学生、初中生中进行。

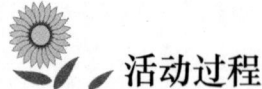

活动过程

活动概述：用七巧板拼摆出的图形应当由全部的7块板组成，且板与板之间要有连接，如点的连接、线的连接或点与线的连接，参与者必须遵循活动规则，自创图形，摆出的图形越有创意越好，最后为每个作品命名（图4-6）。

图4-6 七巧板拼图

游戏步骤：

1. 活动带领者将全班分为若干个5人组，并确定各小组成员的角色（3人拼摆、1人拍照、1人观察）。

2. 每个小组领取七巧板一套、照相机一台（也可以用带摄相功能的手机代替）。

3. 小组内讨论协商，在15分钟的时间内，拼摆出各种图形，然后为每个图形命名并拍照记录。

4. 用多媒体设备进行各组作品介绍，分享拼摆的创意。

5. 观察者分享在这个过程中所观察到的现象及感受。

6. 活动带领者总结点评本次活动。

❈ **问题讨论**

✦ 在角色分配时，你所在的小组主要考虑哪些因素？
✦ 在拼摆图形的过程中，小组内是否出现观点不一的情况？是如何解决的？
✦ 在规定的时间内小组完成了几组图形的拼摆，你觉得最有创意的图形是什么？
✦ 通过活动，你有怎样的感悟？

带领者提示

1. 分组时，活动带领者要明确多少人玩过七巧板，将玩过的同学均匀的分到每个小组去，并争取每组男女比例相同，减少小组间的差异。

2. 活动带领者简单介绍一下游戏规则即可，不需要说明可以用七巧板拼摆出什么样的图形，让学生自己思考、讨论。根据学生拼摆的进度可以适当提醒，但不要影响学生的思维。

3. 活动带领者要注意观察，并尽量加入到每个小组的讨论中，鼓励活动不积极的学生参与，给进度慢或者缺乏创意的小组"出出主意"，引导他们积极思考。

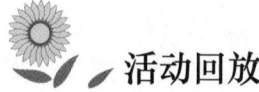

活动回放

在部分高中生看来，拼摆七巧板这个游戏有些幼稚，因此，在活动带领者刚说出今天要玩七巧板游戏时，就听到小刚同学的抱怨道："能不能再幼稚点，小学一年级就玩过的好不好？！"活动带领者说："玩过的同学可以把它当作是对童年的一次回忆，看看以前玩和现在玩有怎样的不同？"之后，同学们对活动的兴趣大增。

班里15名女生，21名男生，男生人数较多，先在每组分配两个男生两个女生，剩余的男生作为监督员，分别到7个小组中，请他们在整个活动过程中细心观察，并在游戏结束后进行评价，剩余的1个女生作为计时员。

在计时员喊"开始"后，有些同学的参与度低，热情不够，在活动带领者鼓励之后有所改变。随着截止时间的接近，同学们越来越着急，讨论越来越热烈。时间到，观察员将各组的作品图片收集传到电脑里，并依照完成作品的先后顺序，请各小组代表上讲台介绍作品，观察员分享自己观察到的内容，氛围十分热烈。同学们一般会自动评价其他组的作品，并与自己小组的进行比较。其中，有一个小组的作品（图4-7）引起学生们的广泛注意，都在猜测它是什么东西，当听到它的命名是"奔跑的小太监"时，哄堂大笑。其他小组的作品也同样很出彩。

活动要求每个小组完成10个不同图形的摆放,有一个小组只完成了2个图形,活动带领者请他们反思:是什么原因阻碍了作品的完成?还可以进行怎样的补救措施?小组成员也意识到,刚开始小组内有人表现出对游戏不感兴趣,在一边观望,导致大家的参与度不高,所以阻碍了游戏进程。

参与者感悟

图4-7　奔跑的小太监

● 刚开始我觉得活动很幼稚,在我的印象里,这是小朋友才会玩的益智游戏,对我们这么大的学生来说,根本没什么挑战性,后来老师说是小组活动,而且难度增加,本着怀念一下童年的心情参与到游戏中。后来我发现其实还是挺有意思的,相比过去,现在的我更能发挥自己的创造力,虽然和同组同学有过意见分歧,但最后很好地统一了意见。

● 这个活动我从来没有玩过,有些紧张,因为很多同学都是有经验的,我担心自己没有他们做得好,实际上我在许多方面都会有这样的担心……还好,我不是一个人在孤军奋战。分配角色的时候,我被选为参与拼摆的人,内心有点小激动。我们小组最后拼摆出来的作品也赢得了大家的好评,我觉得挺自豪的,感谢我的队友们!

专家点评

七巧板是一种拼图智力游戏,用七块板可以进行各种不同的拼凑法来拼搭千变万化的图案。经过等积变换,七巧板可拼成许多图形。如拼成三角形、平行四边形、不规则多边形,也可以拼成各种具体的人物形象,或者动物如猫、狗、猪、马等,或者是桥、房子、宝塔,或者是一些符号等。团体七巧板活动要求有一定的创造力,以及良好的团队协作能力。

学生开始时都以为这个活动自己小时候玩过,觉得是"小儿科"式的活动,没有意思,所以就没有参与的积极性。活动带领者一定要让学生明白,在我们

成长的过程中,有许多事似乎是在重复,就像每天的吃饭、走路、睡觉,但年龄不同、环境不同、能力不同,结果一定是不一样的。所以,创新与突破是我们每天都在思考与践行的事情。

"你觉得小时候玩七巧板与今天的玩法会有什么不同吗?"活动带领者的提问,可以激发学生们有新的思考和新的期待。事实证明,学生们在活动中出现了许多有创意的拼摆。在活动点评时,活动带领者可以再次问:"大家是否已经了解了现在与过去不同的玩法吗?"这样的强化,可以让学生看到自己的成长,明白自己每天的行为都是在突破和超越之中。

为了让学生们有机会独立思考,活动带领者一定不要急着把自己的思路说出来,引导的时候也要点到为止。让学生们感受到小组作品的创意,都是他们自己的思路,作品呈现了他们的创意和想象力。

活动54 校园一景

活动目的

1. 让学生学会放松自己,学习用肢体语言表达内心的想法。
2. 让学生互相了解,增进同伴间的感情。
3. 进一步增进学生对班级、学校的感情。

活动准备

1. 活动以室内或者室外空旷和安静的地方为宜,时间在40分钟左右。
2. 活动适合在初中生中进行。

活动过程

活动概述:要求学生以小组的形式,用身体语言来表达"最喜欢的校园一景",并分享选择表演的理由。

活动步骤:

1. 活动带领者请全班学生自由组合,每组可由4—5人组成。

2. 宣布活动要求:(1)小组所有成员进行合作,用身体语言来表达"最喜欢的校园一景"。"校园一景"中可以有人物,也可以有景物。(2)每个小组要进行"校园一景"的展示,同时为"校园一景"取一个名字,并且说明选择表演内容的理由。

3. 每个小组进行表演和分享,活动带领者进行活动后的点评。

❄ **问题讨论**

✦ 你最喜欢哪些学校的景观?
✦ 你觉得除了用身体语言表达"校园一景"外,还可以用什么方法来表达?
✦ 在全班分享的过程中,你对哪位同学的表演印象最深刻?
✦ 通过本次活动,你对学校有了怎样的新认识?

带领者提示

1. 为了让学生表演得更加充分,给予每个小组10分钟的准备时间。
2. 在各个小组准备"校园一景"活动的过程中,对于有困难的小组,活动带领者要给予适当的帮助。
3. 鼓励摄影技术高的学生做摄影师,在小组表演和分享环节进行拍照留念。

 **活动回放**

当活动带领者把今天的活动主题告知大家后,有的小组成员顿时傻眼,有的小组成员则很快行动起来。其中一组的同学非常有表演欲,每个人稍作思考后,就有了自己的设想。这边,男生文康张开双臂,似大鹏展翅,原来扮演的是大门口的大鹏鸟雕像。女生芸儿弯腰双手向后下撑,扮演的是长廊中的长凳。那边,女生静怡笔直站立,右手高,左手低,扮演大门口的一棵松柏,男生宜陵则下蹲扮演校园里的青蛙。

每个人的表演都惟妙惟肖，每个人都希望小组的伙伴们能够配合自己，选择自己扮演的"校园一景"，代表小组参加展示。一时间，大家争论不休，谁也不肯让步。这时，活动带领者来到引起争论的小组，请每个人都分享自己扮演场景的内容，结果发现，所有的组员都不约而同地扮演了清晨走进校园所看到的景色。通过分享，组员文康提议，既然大家扮演的都是清晨的校园一景，那就可以将所有同学集中起来，表现主题为"我眼中的清晨校园一景"。大家觉得文康的提议相当不错，表示赞同。很快他们开始互相帮助，让彼此的动作做得更加完善。此刻，每个人都不是孤立的，而是彼此连接，彼此被对方所需要。从个人的表演秀到彼此间的互相配合，活动带领者为同学们的精彩表现鼓掌。

　　另外，有一组同学听说要用肢体语言，表现同学们眼中最喜欢的校园一景时，他们都觉得太难了，不能说话，只能用身体语言来表达，这怎么可能呢？况且他们组全部都是男生，要让男生做这些动作还真有些不好意思。正当他们一筹莫展时，发现周围的小伙伴都在积极地准备着。虽然，表演的动作看上去有些笨拙，但是同学们的脸上却流露出合作的愉悦与兴奋。慢慢地5个男生被感染了，开始讨论他们的共同爱好，因为大家都是学校足球队的成员，课余时间最喜欢踢足球，于是有人提议表演球场一景。这个提议立刻得到了大家的响应。很快，每个人都有了自己扮演的角色，两人合作扮演球门，一人扮演足球，剩下的组员本色出演——扮演球员。就这样，这一组也将最喜欢的"校园一景"表演了出来，大家欢呼雀跃。

参与者感悟

- 当我听到表演要求时，没有多想，便自发开始模仿起我的班主任，包括她经常会做的动作，她的微笑，以及她温柔的眼神。没想到，我的表演竟然得到了小组成员的赞扬，他们开始主动加入其中，与我配合，设计出系列场景。在表演的过程中，我也把自己的一些想法和感受表达了出来，我感觉自己对班主任有了更多的了解和认识。

- 用肢体语言来表达内心的想法，我还是第一次尝试。而且还要与组员进行配合，虽然完成起来不容易，但是商量探讨的过程却令人回味无穷。一开始，我们都毫无头绪，不知应该如何表现我们眼中最喜欢的校园一景。后来，不知谁提议说，要不我们就展现自己的班级吧！这一提议得到了大家的认可。可是该如何表示呢？就用数字来表示吧！我们是七（3）中队，于是"5273"这个数字组合就诞生了。

专家点评

在人际交往中，一个人要向外界传达完整的信息，单纯的语言成分只占7%，声调占38%，另外的55%都需要由非语言的体态来传达。培养学生用肢体语言来表达自己的内心想法，能够帮助老师更好地了解学生。尤其是对于性格内向、不善于用语言表达自己想法的学生。

当然，音乐、美术等也是非常不错的可以增进师生，以及同学之间沟通的媒介载体。比如，在静心练习中使用音乐冥想，每天花10分钟左右的时间，进行放松冥想，如选择《萨提亚冥想》一书当中的一些冥想词，帮助学生学会自我放松，获取一定的能量。再如，在新组建的班级中开展"房树人"测试，可以帮助班主任更好地了解学生，发现一些平时沟通中不易发现的问题。

活动55　生物进化

活动目的

1. 通过活动,让学生认识到人生旅途并不会是一帆风顺的过程。
2. 通过活动让学生体会到,挫折的磨炼可以让人生变得更加丰富多彩。
3. 通过活动,让学生学会以积极的心态看待生活中的挫折。

活动准备

1. 活动适合在空间比较大,没有任何障碍物的室内场地进行。时间大约20分钟。
2. 活动适合在小学生、初中生中进行。

活动过程

活动概述:全体学生在场地内蹲下,两两猜拳,从鸡蛋开始,赢者成为"小鸡",输者依然保留"鸡蛋"身份。依次成为母鸡,最后到凤凰。同等级可以猜拳,结束后分享感受。

活动步骤：

1. 活动带领者首先示范4个级别不同的动作：蹲下的"鸡蛋"、半蹲的"小鸡"、直立的"母鸡"和展翅高飞的"凤凰"。

2. 开始每个人都是一只蹲下的"鸡蛋"，两人一组，找好搭档后用"锤子、剪刀、布"猜拳，赢的人半蹲成为"小鸡"，输的人保持原样仍是"鸡蛋"。

3. 寻找相同级别的人配对，再用"锤子、剪刀、布"猜拳，赢的人站立成为"母鸡"，输的人降级为"鸡蛋"。

4. 再寻找相同级别的人配对，再用"锤子、剪刀、布"猜拳，赢的人上升一级，输的人下降一级，最终"母鸡"变为"凤凰"。

5. 到达最高级的"凤凰"后，可以作为旁观者退出活动，也可以找同级别的"凤凰"继续活动，但两者中的输者要面临降一级的风险。

6. 活动带领者关注场上各级别学生的活动进程，如果场上猜拳的人数不多时，可以适时介入，组织学生交流分享。

❄ **问题讨论**

✦ 你觉得升级时的感受与降级时的感受有什么不同？
✦ 这个活动给你最大的启发是什么？
✦ 如果把"小鸡变凤凰"这一过程看作人的一生，你想到了什么？

带领者提示

1. 有两个活动关键点需要向学生强调：一是两两猜拳时，一定要在同级别中进行。二是两两猜拳时，输的一方要降级，赢的一方则升级。在不同的级别状态中，保持蹲、半蹲、站立、自由奔跑等4种姿态。

2. 如果参与活动的人数是单数时，活动带领者可以与落单者一起配对猜拳，也可以邀请落单者做观测者。第二轮活动中每个级别的人数不确定，因此活动参与者要求学生主动寻找搭档，只有不断地猜拳，才有升级的机会。

3. 活动带领者要关注场上学生的情绪。一般地说，升级顺利的学生会兴高采烈,升级有困难的学生会情绪低落,甚至沮丧。对长时间处于"鸡蛋"级的学生,要适度予以鼓励。

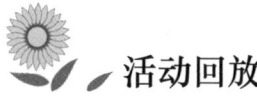

活动回放

当活动带领者宣布活动规则后,同学们立即开始寻找小伙伴,两两猜拳。小聪是在此次活动中第一个变成"凤凰"的同学。前后总共3局,他一跃成为展翅高飞的"凤凰",同伴还在兴奋地玩着猜拳游戏,他却显得有些孤单落寞,只见他默默地站在一边,看同伴们玩耍着,似乎少了一份获得第一的兴奋和喜悦。当第二个"凤凰"出现时,他显得非常高兴,主动上前跟对方猜拳,可是对方害怕输了以后会降级,不愿与他猜拳,故他又有些失望。

活动中,小顾同学让人印象深刻,他在四处寻找可以与自己猜拳的同级别伙伴,虽然不断经历升级降级的体验,可是他却乐在其中。当活动进行到最后时,场上大部分人成为"凤凰"在一旁观赏,而作为"鸡蛋"的他,还在积极争取升级的可能,伙伴们都被他的执着与努力所感动。在最后的分享中他说:"我非常享受这个活动,虽然,最终仍然没有升级成为'凤凰',但这个过程让我觉得还是非常愉快的。"

在活动中,还有一个女孩吸引了大家的目光,每一次猜拳的机会,都不是她主动获得的,而是别人来找她的,因此,被动等待的结果是,最终她还是"鸡蛋"。她在分享中谈到,其实因为是被动等待,她得到的机会也不多,因此,最后她有些后悔,也许再主动一些,结果就不会是这样了。

参与者感悟

- 如果将活动拓展为我们的一生,会发现其实失败只是人生中的一部分。中考的成功与否,并不是最终的成功与失败。只要我们抱有信念,坚持不懈,就一定会成功。在活动中,我们开怀大笑,释放了压力,相信在接下来的几十天里,我们九年级的全体同学会轻松、自信、圆满地完成人生的第一次选择。

- 在这个活动中,我是第一个到达最高级别的人,自己是那么的顺利,每

一次和对手猜拳,都是我赢。可是当我站在一边看着周围的伙伴还在开心地猜拳,变换着级别时,我突然感到自己是那样的孤单。那一刻,我有种寂寞的感觉。其实快速、顺利地获得成功并没有我想象中的那样开心。当时我决定重新加入猜拳的队伍,再去体验上下起伏的经历。我想人生也许就因为有起伏,有困难要克服才显得精彩吧!

专家点评

这个活动特别适合在初三阶段开展,初三的学习生活十分紧张,接连的模拟考,以及分数的起起伏伏,容易影响学生的心情。这时,老师安慰的话感觉是那样的苍白无力。选择这个活动,既能放松学生紧张的心情,让他们放开自己投入其中,还能让他们在玩中有所感悟。人生就像活动中所经历的那样,会有波峰,也会有波谷,而身处人生旅途的自己只有调整好心态,正确认识自己,积极面对困难,就一定能迎来高峰,看到沿途的美好风景。

活动56　小小回形针

活动目的

1. 让学生体验并了解自我潜能。
2. 让学生在实践中感悟创造力的巨大作用。

活动准备

1. 活动适合在室内进行，时间大约30分钟。
2. 准备盛满250毫升水的一次性杯子和两盒回形针，以及彩色粘纸若干。
3. 活动适合在小学高年级、初中生中进行。

活动过程

活动概述：本活动由两部分组成，第一部分为"已经装满水的杯子中可以放入多少枚回形针"，通过学生的猜测与实践，引导其突破定式思维。第二部分为"创意回形针"，意在让学生在创新思维的基础上，做出各种各样的作品。一枚小小的回形针，究竟有多少种用途？这个问题的答案是无穷尽的。

活动步骤：

1. 活动带领者演示小实验，请学生进行猜测：在一只盛满250毫升水的一次性杯子中，在不让水溢出的前提下，能放入多少枚回形针？

2. 学生进行猜测，所猜数字最高的学生上前，将所猜数字的回形针放入杯子中，结果水没有溢出。

3. 请学生继续猜测杯子中还能放入多少枚回形针？同学们纷纷猜测：50枚、60枚、100枚等，结果一直到200枚回形针全部放入杯子中，水还是没有溢出。

4. 小组实践：创意回形针。(1) 利用回形针组合成任意图案或作品，每个小组在课堂上至少完成一件作品，可以使用彩色粘纸塑形，也可以不用；(2) 小组讨论及其完成时间共8分钟；(3) 任务完成后，给作品起名，并且每组派一名代表在全班进行介绍。

5. 活动带领者组织学生进行交流分享。

❄ **问题讨论**

✦ 刚开始做的时候和此刻的想法有没有变化？
✦ 你是怀着怎样的心情参与实验的？
✦ 对于"满"字，你是怎样理解的？
✦ 在实验中还蕴藏着一个物理原理，你愿意继续探究吗？

带领者提示

1. 在演示实验时，可以先确认是否有学生曾经参与过，避免干扰其他学生的猜测。

2. 演示实验结束后的分享要把握重点，不要让学生的思维停留在最终可以放入多少枚回形针，关键是总结出培养创造力的几个要素：观察质疑、好奇心、实践探索、突破定式思维等。

3. 为了增加学生们观察的效果，建议用250毫升的玻璃烧杯进行实验。

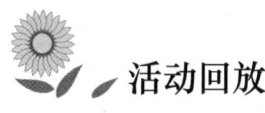 **活动回放**

活动带领者在一次性杯子里倒满水,问大家:"这杯水满了没有?"坐在前排的学生仔细观察后,非常确定地说:"已经满了。"活动带领者又问:"在这杯倒满水的杯子中能放入多少枚回形针?"学生众说纷纭,10枚、20枚、30枚、40枚,于是一名同学上来将10枚回形针放入杯中。这名学生小心翼翼地往杯中投放回形针。水杯里的水逐渐上升,当水上升了1毫米时,他有些犹豫,由于担心水会溢出来,放的动作越来越慢了,每放一个就低头瞧一下,终于10枚都放入了。活动带领者继续追问:"还能放吗?""也许吧。"这位学生不太肯定地回答。"那你继续试一试。"在活动带领者的鼓励下,这名学生再次轻轻地把回形针放入杯中。咦?水居然没有溢出来。再放一个,水还是没有溢出来。再试一下,水明显高出杯沿1毫米,但仍然没有溢出来。大家感到十分惊奇。"20枚、30枚、40枚……已经整整一盒了。"看着一个个回形针沉入杯底,学生们情不自禁地数起数来。

一盒100枚回形针放入盛满水的杯子,水却没有溢出,同学们都感到十分惊奇。从刚开始猜测的几枚到现在确认的几百枚,这个数字让大家感到不可思议。在分享环节,上台尝试的这名学生与大家分享到:"一杯水,明明看着已经很满了,但却仍有容纳上百个回形针的空间。我们总是习惯性地为自己设限,过高估计困难的程度,而低估自身的潜能。因此,我们应该多进行尝试,应该对任何事物都抱有好奇心和勇于实践的行动力。"

第二个活动环节是让同学们通过小组合作,发挥想象,用回形针创造一幅作品。有了之前的实验,大家参与活动时显得都非常有信心,于是在小组成员的共同合作下,小小的回形针变成了可爱的数学公式、东方明珠、长翅膀的鞋子、绿色植物、爱心、公园的座椅、小挂件等,充满了创意。每一组的分享都获得了大家由衷的赞赏。最后,大家从活动中得出:原来,每个人都有无限的创造力可以去开发,只要善于观察,敢于质疑,有一颗勇于实践的心,一切皆有可能。

参与者感悟

- 一开始,我不敢多猜,所以第一次只敢猜测10枚。等到全部放进去以

后，我又将数量增加到50枚，没想到又全部放进去了。等到最后老师说可以将两盒回形针全部放入时，我感到十分吃惊。回想整个过程，我想一开始的自己是被"满"字给限制住了，脑中的定式思维就是：水已经满了，怎么还能放进东西呢？看来培养创造力需要大胆想象，不要自我设限。同时，主动实践也是十分重要的。

● 在创意回形针环节中，我们小组的每一个成员都积极想象，动手实践，为了完成用回形针做一个"躺椅"的大胆设想，大家一起动手。我们在纸上画出草图，再将回形针进行造型改变，一会儿的工夫，作品就完成了。从中，我感受到想象的重要性。

专家点评

通常，学生都会按部就班地做事，沿着既定的路线生活、学习和思考。本次的创造力活动是培养学生的观察、质疑，以及好奇心和敢于实践能力的一次非常好的活动实践。如何带领他们积极投入活动之中，让学生感受到创新并非他们想象中的那样高深莫测，生活中的创新可以无处不在，使创新成为学生学习生活中的动力和快乐源泉，是需要活动带领者花费一番心思的。其实，还有许多有意思的活动，例如，探讨如何将梳子卖给和尚？如何创新设计班级的宣传广告等，让学生能够在初中这一思维最为活跃的阶段，不断尝试创新，获得更多智慧。

活动57　纸的N种用途

1. 让学生多层次、多角度地认识事物,不断开阔视野。
2. 让学生在活动中丰富想象力,不断提升自我创新的能力。

1. 活动适合在室内进行,时间大约30分钟。
2. 根据小组组数,为每组准备6张A4纸。
3. 活动适合在小学生、初中生、高中生中进行。

活动概述：活动带领者为每组准备6张A4纸,要求小组学生尽可能多地说出一张纸的用途。

活动步骤：

1. 5—6人为一组,每组分发6张A4纸。

2. 小组成员讨论一张纸的用途。

3. 各组轮流进行"一张纸的用途"活动，每个小组每次说出一个，内容不得重复或过于相近，说不出的小组可跳过。各组选出一名记录员，将答案写在黑板上，常规答案计1分/个，创新答案计3分/个。

4. 学生对所列用途进行分类，自由补充说明。

5. 学生分享活动后的感受和收获。

6. 活动带领者总结点评本次活动。

❖ **问题讨论**

✦ 思考一张纸的用途时，你首先想到哪些答案？

✦ 哪些答案给你带来新的思路，为什么？

✦ 将答案进行分类后，你发现自己或整个小组的思维有怎样的变化？

✦ 为什么有些学生能想到特别多的用途？你觉得如何才能让自己的想象力变得更丰富？

✦ 通过思考一张纸的用途活动，你有怎样的收获？

带领者提示

1. 活动带领者在选择活动用纸时，可以考虑材料对学生的提示作用。八年级以下的学生认知水平有限、发散思维不足，活动带领者可以为每组准备种类、大小、材质、颜色不同的纸，为学生提供一定的实物暗示；八年级及以上的学生，则可以用白纸进行联想。

2. 学生在小组讨论纸的用途前，活动带领者需要提示各组声音不要太大，以免影响其他小组的思考，且每个同学都要参与到活动中来。

3. 在活动过程中，活动带领者要了解各组学生的想法和进度，为不理解活动要求的同学补充讲解；对思维比较局限、过早停止交流的小组，活动带领者可提供一些思路；观察学生的讨论过程是否做到人人参与，并且了解各组的讨论结果是否具有创新性。

4. 在"一张纸的用途"活动中，活动带领者需要判断答案是否重复或过于相近，以及是否有创新性。例如：从做报纸联想到做手抄本是一种发散思维，但对于高中生来说，这两个答案过于相近。

活动回放

活动带领者写下本次活动的题目后，让学生猜一猜自己大概能想出多少种。"10多种""30多种""50多种"，学生们纷纷议论起来。活动带领者接着让同学们思考一张纸有哪些用途，答案越多越好，越有创新越好。有学生主动举手发言："拿来写字、拿来包装、折飞机、擦桌子、做虹吸现象的道具……。"

1分钟后，活动带领者指出"虹吸现象道具"答案平日里少见且合情合理，具有一定的创新性，鼓励大家跳出常规思维的束缚，寻找一张纸的新用途。

有小组讨论得十分激烈，笑声不断，5分钟内的答案数量达到34个，创新性的答案数量也不少，如想到纸可以发声，用来打节奏；纸撕碎后，可以做撕贴画或做"漫天雪花纷飞的道具"；纸可以当扇子吹风，另外纸还可以垫桌角，可以当餐具盛食物等。

当然，也有一些小组进展得不顺利，如有的小组讨论的积极性不高，组内说出寻常答案的同学，会被个别同学嘲笑，说得多的同学会一直说，导致其他组员渐渐成为旁观者，组长则抱怨组员不积极参与。

小组讨论结束后，活动带领者组织"一张纸的用途"大轰炸环节，各组轮流说出一种用途，想不出的小组可跳过。最终，全班一共想出100多种纸的用途，具有创新性的用途有39种。活动带领者让学生将答案进行分类，思考可以增加用途的方式。分类、补充完毕后，学生们分享了自己的收获。最后，活动带领者总结了活动的意图和学生的表现情况。

参与者感悟

● 我所在的小组想不出多少种纸的用途，这让我感到十分沮丧。后来在"一张纸的用途"大轰炸环节，我听到别的小组说"纸可以做餐具，如蛋糕盘"

时，启发了我，纸的材质不同，用途也不同，比如古代的口红是用特殊的纸来做的。这种相互激发的感觉真好！

● 这次活动让我比较震惊。因为起初听到这个活动的时候觉得有点"小儿科"，但认真想起来，发现自己只能想出10多种，接着全班讨论使得纸的用途一下子多起来，再经过分类，纸的用途就更多了。一张纸的用途可以这么多，那身边的许多东西就更不用说了，哇，真是太神奇了。

专家点评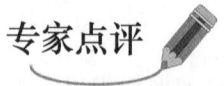

此活动提供学生一个非常好的相互激发思维的机会。学生将个人智慧贡献于小组，小组智慧贡献到整个班级，形成共有的思维财富。在同伴的相互激发的过程中，学生有了更多投入任务的动力，更好地激发出自身的潜力。

活动带领者在开展这个活动时，必须注意学生在发散思维的过程中是如何联想的。同时，活动带领者要注意引导学生"异想天开"地思考与创意。另外，所谓一张纸并不仅仅限定为A4纸，而是一种广义上的纸。所以学生可以从纸的大小、纸的材质、纸的颜色等方面思考纸的用途。

活动58 艺术沙画

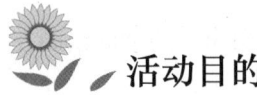

1. 让学生在活动中激发想象力和创造力。
2. 让学生在活动中感受艺术的美妙,陶冶其情操。

1. 活动适合在室内进行,时间大约40分钟。
2. 根据学生人数准备相应数量的A4纸、铅笔、橡皮擦和DV(有摄像功能的设备即可)。
3. 根据学生人数,为每6名学生准备一块80厘米×50厘米的玻璃,以及适量的细沙和隔板。
4. 准备视频《艺术沙画:我心灵的翅膀》,以及相关的媒体播放设备。
5. 活动适合在高中生中进行。

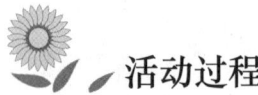

活动概述:活动带领者让学生观看视频后,自选主题分组进行艺术沙画的

创作。小组内讨论创作的主题和具体内容，讨论完后进行艺术沙画的创作，并将创作过程录制成2分钟以内的视频。最后各组轮流展示艺术沙画作品，学生分享制作和观看作品时的感受。

活动步骤：

1. 活动带领者播放视频《艺术沙画：我心灵的翅膀》，介绍艺术沙画的基本内容和简单的操作技巧。

2. 学生之间自由组成小组，建议每6人为一组，推选出一名组长，由组长抽签决定小组展示作品的顺序。

3. 活动带领者说明活动要求：自选主题，确定艺术沙画的内容，小组进行分工。每个小组要录制2分钟之内的艺术沙画作品的制作过程视频，按顺序展示作品，并说明艺术沙画的主题和内容的选择等。

4. 各小组按要求讨论创作主题、内容及其分工，将想象出来的画面绘画在A4纸上。

5. 小组成员进行艺术沙画的创作与录制。

6. 录制完成后，每组进行艺术沙画的展示与说明。

7. 学生分享自己制作和观看艺术沙画的感受。

8. 活动带领者总结点评本次活动。

❋ **问题讨论**

✦ 你们小组是如何选择艺术沙画的主题及其内容？
✦ 你们的小组成员是如何进行分工合作的？
✦ 在制作和观看艺术沙画时，你有怎样的感受？
✦ 通过这次活动，你有怎样的感悟？

带领者提示

1. 活动带领者介绍活动的要求时要强调，艺术沙画制作水平的高低并不是最重要的，重点是大家能够借助沙画的方式，表达自己的情感和创意。

2. 活动带领者在活动过程中，可以有选择地参与学生的讨论，鼓励所有学生都参与其中。

3. 有条件的话，可以请一名专业的艺术沙画老师进行现场指导，帮助学生提高创作艺术沙画的水平，掌握一定的技巧。

活动回放

在播放视频《艺术沙画：我心灵的翅膀》时，学生们都沉浸在艺术沙画的美妙之中。当活动带领者告诉他们这个作品的创作者是高中生时，他们表示难以置信。在得知今天要以小组为单位创作艺术沙画时，大家更是感到十分惊讶。活动带领者简单介绍了艺术沙画的制作步骤和基本技巧，学生们怀着兴奋的心情开始尝试。

在讨论分工时，A组中具有绘画才能的小贾自告奋勇地充当艺术沙画的制作者，毫不犹豫地在玻璃沙面上画了起来，其他同学似乎失去了参与创作的机会。活动带领者观察到这一情况后，启发性地引导说："如果让小贾一个人完成艺术沙画，你们就没有参与尝试的机会。虽然小贾画画很厉害，但他没有接触过沙画，大家可以一起讨论主题和确定内容，合作完成小组作品，如找配乐、构思画面和录制视频等，每个人都要参与，利用集体的智慧与力量一定可以完成的更好。"小贾听完也深表认同，表示在这么短的时间内自己一个人很难完成任务。接着，小组成员开始进入热烈的讨论当中。

B组中性子比较急的小飞当了组长，他认为大家说的内容好像都跟高中生活有关，就以"我们的高中生活"为主题，大家各自想一个与主题有关的画面。然而这样的画面很容易失去连贯性。后来当小飞发现自己的分工似乎有不当之处时，大家几乎都画好了，却不知道怎么连贯起来。这时，专业的艺术沙画指导老师向同学们介绍了几种常见的过渡方式，并与B组的同学一起讨论如何更改故事的内容，让各自的画面产生自然、连贯的过渡。

C组中没有特别擅长绘画的人，所以，他们就一起讨论绘画的内容，最终将"运动会"作为创作的主题。虽然他们的作品都是由简单的线条构成，但在解说和音乐的配合下，大家看到了运动会中令人感动的一幕，包括运动会前日夜辛苦准备彩排的同学，运动会中奋力奔跑却不慎摔倒的同学，最后还有在集体努力下获得的团体奖杯……他们选择了同学们最熟悉、最常见的场景，而越是平常的场景，越能够打动人心。他们展示完作品之后，大家都给予了热烈的掌声。

参与者感悟

- 我没有学过艺术沙画，只是抱着玩玩的心态去拨弄沙子。不过在老师的指导下，我发现自己也可以进行简单的创作，比如，往整个画面上泼沙子，能够营造出一种凝重的气氛，把沙子拨到一边可以作为陆地，还有在沙中清出一条小道作为河流。虽然我只是辅助角色，细致的绘画由擅长绘画的小娟完成，但我依然感觉自己非常有成就感。

- 刚开始时我太着急分工了，觉得将事情平均分给每个人就可以保证人人参与。但我没有考虑到真正的团体创作不是各做各的，而是要结合各人的长处才能更好的合作。幸好有老师教我们沙画中过渡的小技巧，并且还跟我们一起讨论如何将同学们的想法连贯起来。最后我们成功完成一幅美妙的艺术沙画。这次活动让我理解，要完成一项团队任务时，不能割裂成员之间的联系，要"顾全大局"，使大家成为一个整体，才能更好地完成任务。

- 我以前学过绘画，也曾参加过很多绘画比赛，但从来没有接触过艺术沙画。遇到这种新奇的作画方法，我感到十分兴奋。艺术沙画的创作过程，不需要颜料和画笔，只需要用自己的双手捏、撒、按、漏、铺、捏、抹、弹、点，完成变幻莫测而又美妙绝伦的沙画，如果配上音乐和文字，使得画面更加生动。我可以随心所欲地控制沙子的布局，觉得不够好还可以扫掉重新绘画，沙画随着我的心情而变化，我觉得非常奇妙。

专家点评

用沙作画，这是学生从来没有经历过的体验，随着画面的变化，演绎出一个个情景和故事，表达的是一段段思绪和情感。如何让学生们在艺术沙画中，开启心灵的智慧，体验艺术的美感，提升审美的情趣，是活动可以进一步深入探讨的话题。

作为老师要尽可能多的接触不同类型的事物，包括艺术的形式与内容，通过陶冶情操，能改善自己的性情，增长自身的修养。学生就像充满成长潜力的蓓蕾，经过用心的培育，最终他们一定会绽放出令人惊艳的花朵。

活动59 创意传球

 活动目的

1. 让学生在活动中勇于突破思维定势,激发潜能,创新思维。
2. 让学生体验团队协作的魅力,集合团队的智慧解决问题。

 活动准备

1. 活动适合在宽敞的室内或室外进行,时间大约40分钟。
2. 根据小组数准备每组3个乒乓球、3支记号笔,活动前用记号笔将球1—3标号。
3. 活动适合在初中生、高中生中进行。

 活动过程

活动概述:每组同学之间进行传球时,一次传3个球,传的顺序必须是1号、2号、3号。球要经过每个人的手,用时最少为胜。

游戏步骤：

1. 活动带领者对全班学生进行分组，所有人按1、2、3进行报数，所有报1的同学组成一号组，所有报2的同学组成二号组，所有报3的同学组成三号组，共分三个组，每个组15人左右，发给每组编有1号、2号、3号的3个球。

2. 活动要求将球按1号、2号、3号的顺序从发起者手里发出，依次经过组内所有成员，最后按1号、2号、3号的顺序再回到发起者手里。

3. 在传递球的过程中，每个人的手都必须触及到球，球的顺序不变。

4. 球掉在地上一次增加用时5秒，最后根据游戏过程中所用时间最少的组获胜。

5. 活动带领者总结活动，并启发学生思考。

❋ **问题讨论**

✦ 请各组预测本组完成活动的时间，报给计时员。
✦ 请比较实际游戏所用的时间和预测时间之间的差异，从中得到什么启发和感悟？
✦ 在活动中你们碰到什么困难？最后是如何克服的？
✦ 在活动中，组内成员最后是怎么统一意见，确定传球方法的？

带领者提示

1. 提供的圆球大小要适中，以适合手握住为好，建议用乒乓球。

2. 活动中必须强调，球要按1号、2号、3号的顺序经每一个参与者的手，顺序不能改变。

3. 活动前在团队中邀请3位参与者做计时员，并兼做观察员。

4. 为了活动的顺利进行，建议分组后产生组长和副组长各一名。

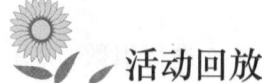 活动回放

3个组按报数方式分好后,活动带领者将球发到组员手中。给各组5分钟时间训练,然后正式开始比赛。活动开始时,3组人聚在一起讨论用什么方法:有的围成圆圈,有的拉成一条直线,还有的组合成螺旋形状等进行尝试,发现操作起来困难很多,如小球容易掉落,球不是按顺序传递等。另外,有个组出现了组员之间互相指责的现象,无法统一思想。但有组长负责领导的小组,一般能较快地统一思想,训练效果好。

训练结束,开始第一轮比赛,各组都采用最后商量决定的方法进行,3个组的成员不约而同地围成了3个圈,小球一个接一个地传递,这是最为简单、最易操作的方法。计时员记录了3个组的战绩分别是:17秒、18秒和50秒。由于各组成员配合默契度的不同,成绩存在差异,与各组自己预测的时间有很大差别。

在第二轮比赛开始前,活动带领者提出了具有激励性的挑战:第一轮比赛小组成绩各有差异,大家是否想过有更好的办法可以让时间变得更短?这个活动的最好成绩为8秒,请参加活动的各组继续探讨,敢不敢挑战8秒呢?各组学生踊跃参加,表示接受挑战。

一个又一个想法从学生们的头脑中蹦了出来,在活动过程中不断传来喜讯:"9秒""7秒""6秒",最快的居然只用了3秒!通过这个活动让学生们感到:一件看似不可能完成的事情摆到面前时,这种"不可能"思维定势,使每个人都会想到放弃。只有做了才能成功,但最终的成功不是因为你做了,而取决于你怎样去做。必须发挥团队智慧,集合团队力量。

参与者感悟

- 我们组在商量传递方法时分歧很大,每个人都觉得自己的方法最好,结果影响了我们组的成绩。后来我们把各种方法进行了实际操作,以"最快就是最好"的观点统一认识,达成一致。经过几轮训练,通过互相协作最终取得不错的成绩。

- 我们组最初的方法比较传统,就是围成一个圈,依次传递,速度很慢。在看到其他组的好方法后,我们也开动了脑筋,有同学说,我们把手做成螺旋状,

进行传递,肯定速度快。于是我们进行实验,开始没成功,后来多做几次,找到诀窍,果然速度快,用时少,我们成功啦!这个活动让我们体验到创新的快乐。

专家点评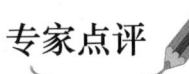

  思维定势也称"惯性思维",是由先前的活动而造成的一种对活动之特殊的心理准备状态。在环境不变的条件下,定势使人能够应用已掌握的方法迅速解决问题。而在情境发生变化时,则会妨碍人采用新的方法。一件不可能完成的事情奇迹般的成功了,这是团队的力量!思维可以指导人们的行动,同时也可以约束人们的行动。要想获得成功唯有敢于超越自己的思维。

  活动可以为学生建立一种具有启发创造性和"冲破框架"的环境条件,激发学生的协作精神和自我挑战能力,为学生创造出更多地意想不到的结果。

  活动带领者在活动引导中,要注意两点:一是理解活动的目的,重点把握活动体验后学生的感悟分享,不要仅仅强化竞赛第一名。二是要关注学生在活动中产生争议的现象,思维火花的碰撞是难能可贵的,但对于某些学生存在自以为是的个人主义行为,要进行适度的控制和引导。

活动60　珠行千里

活动目的

1. 通过活动,促进团队间的有效配合,提高共同解决问题的能力。
2. 通过活动,增强每个成员的责任感。

活动准备

1. 活动适合在操场或者户外宽阔的平地上进行,时间大约40分钟。
2. 准备长短不一的水管(剖开的塑料水管)、乒乓球、水桶、哨子。水管可以根据人数来提供,乒乓球和水桶可以根据小组数来准备。
3. 活动适合在小学高年级和初中生中进行。

活动过程

活动概述:整个团队每个队员手拿一根半圆形的水管即球槽,将球连续传动(滚动)到下一个队员的球槽中,并迅速排到队伍的末端,继续传送前方队员传来的球,安全且迅速地将球送达到指定目的地为获胜。

游戏步骤:

1. 活动带领者将全班同学分成若干个小组,每组12个人左右。
2. 每个小组产生一名送球员,送球员必须在起点线放球。
3. 所有人手中均需有一段水管,整个活动必须将乒乓球由起始处,传送至终点端的水桶中。在整个过程中,除了送球员,其余人的手指不可触碰到球。
4. 球只能前进,不能倒退,且水管与水管间不可以相接。若出现以上情况,则要求送球员从起点处重新再来一次。
5. 如果球掉落到地上,只允许送球员捡起,重新到起点处放球。
6. 哪个小组的乒乓球最先从起始端运送至终点端,就算获胜。
7. 活动带领者组织全班同学分享感悟。

❋ **问题讨论**

✦ 在活动过程中,你遇到过哪些意外事情?你觉得这个活动最难的地方在哪里?
✦ 你们小组是如何协商确定完成活动的方法?小组成员对该方法都清楚吗?
✦ 若你有机会再尝试一次,你会做怎样的改善?

带领者提示

1. 在传球的过程中,如果遇到球倒退、停止和掉下来,以及管子与管子间接触,或手接触到球,都要从起点处重新开始。
2. 在接到球后,组员们所持管道只能上下移动,不能左右移动。

活动回放

每个组12人拿到水管后,按照顺序排成一列。随着一声哨声,乒乓球落入管道中,球从每个人的面前滚过,依次进入下一管道,组员快速跑到后面排队,再接好管道。大家的眼睛都盯着球!恨不得一下子就将球传递到终点。每个组员都求胜心切,传球,跑动,忙得团团转!如果有一位组员在接力中断开或者偏离,球就会从中间掉落,有时还会倒行逆行。在活动过程中,大家屡屡犯规,活动带领者不断吹哨子提醒组员。

这个活动看似简单,但想要完成却不容易!没有一个组是一次成功的,同学们心急如焚。这时,其中的一组停了下来,分析活动的得失。因为大家意识到在整个活动过程中没有领导,于是佳乐同学自告奋勇地当起组里的领导兼协调者,带领大家制定了全队组成员都需要遵守的规则。如拿球槽的位置不要太高;连接点之间要稍微分开一些,但也不能离得太远;前后球槽的高低要适中,只要乒乓球顺利通过即可。另外,整个活动的速度不要过快,保持稳定是最重要的。其余每个组员也都十分认真地配合着,最后终于获得了成功。

参与者感悟

- 一味求快,反而使我们小组的前进速度变慢了,所谓欲速则不达,所以我觉得整个队伍匀速前进非常重要。此外,参与活动的心态也十分重要,当我看到旁边组同学的速度比我们快时,我就慌了手脚,一着急,反而影响了整个团队的速度,好在后来及时调整,最终我们组获得了成功。

- 在传输乒乓球的过程中,全体队员组合成一条链条,我们都是其中的一部分,因此每个人都非常重要。而活动的成功取决于链条中每一部分的顺利连接与运作,组员的团队意识和规则意识十分重要。我们小组忽视了规则,因为几次违规而造成不断地重新开始,最终没能取胜。

专家点评

美国心理学家乔米德曾将"角色"这个概念引入社会心理学来研究人的社会行为。就像演员在舞台上必须按写好的剧本去演戏,社会中的行动者在社会中也要遵守规范;演员在台上必须对彼此的演出做出相应的反应,社会成员也必须调整各自的反应以适应对方……在这个活动中,每个学生都能在团队中找到自己的位置,每个人都十分重要,因为缺少了哪一段都会影响活动的进程,而活动的获胜也取决于每一个人都能把握好自己的这一段,顺利地将球往前送。应该让学生明白我们是一个团队,为了大家共同的目标,每个人必须要形成达成目标的共识,这就是规则,因此遵守规则并不是被束缚,而是为了更好地达到目标。

通过"珠行千里"的活动,让学生得到社会化的成长,感受到自己在团队中的角色和责任,在活动中不断尝试、不断调整,最终能够适应团队需要,为团队的成功作出贡献。活动带领者需要关注部分"笨手笨脚"的学生,因为他们在活动中,常常无意犯错,影响了团队速度,从而会遭到同伴的埋怨。这对于该学生来说,活动会给他造成失败体验或伤害性经历。经过活动带领者的指引,可以让这种负面的影响降低,让所有学生都能有所成长。

图书在版编目(CIP)数据

班级心育活动案例精编/杨敏毅,周嘉,张静著.—上海:上海科学普及出版社,2022.9
ISBN 978-7-5427-8290-8

Ⅰ.①班… Ⅱ.①杨…②周…③张… Ⅲ.①心理健康—健康教育—学校教育—案例 Ⅳ.①G444

中国版本图书馆CIP数据核字(2022)第166748号

策划统筹　　蒋惠雍
责任编辑　　何中辰
装帧设计　　赵　斌

班级心育活动案例精编

杨敏毅　周　嘉　张　静　著
上海科学普及出版社出版发行
(上海中山北路832号　邮政编码200070)
http://www.pspsh.com
各地新华书店经销　　上海商务联西印刷有限公司印刷
开本　787×1092　1/16　印张17.5　字数286 000
2022年9月第1版　2022年9月第1次印刷

ISBN 978-7-5427-8290-8
定价:42.00元

本书如有缺页、错装或坏损等严重质量问题
请向工厂联系调换
联系电话:021-56135113